表現することは生きること

知的障害・発達障害のある人への合理的配慮 2

Yukumi Eishi
湯汲 英史 著

かもがわ出版

本書は『発達教育』の連載「新・なぜ伝わらないのか、どうしたら伝わるのか」２０１５年11月号から２０１８年３月号（「自分を表現する」①〜㉙）をもとにまとめたものです。

表現することは生きること

知的障害・発達障害のある人への合理的配慮2

はじめに

障害観の変化

ダウン症の書家・金沢翔子さんが国連でスピーチをされました。1990年代なかばから、「障害者」ではなく、「障害のある人」という表記がすすめられるようになりました。「障害者」の表記は、ある人のすべてを否定的に感じさせます。しかし、「障害のある」ということばの採用で、「障害」はその人のある一つの特性に過ぎないことを示しました。それによって「料理が好きな人」「絵がうまい人」「陽気な人」など、その人なりの特性を示すことができるようになります。

この表記の根底にある考え方は、障害の有無で人を一面的に判断してはいけないということです。この表記への移行以降、絵や写真、フォント、デザインなどで卓越した作品を表現する人が出てきています。書家の金沢さんは、そのひとりです。「障害」ということばに目を曇らせないで、ひとりの人を評価し、認めることが当たり前になってきています。

それとともに、世界的に障害のある人の「意思尊重・自己決定」という考え方が主流となりました。それまで、理解力などに障害があれば、自己決定はできないと考えられていました。それが、「自己決定できる」し、「意思を尊重すべきだ」へと変わりました。そしてその延長線上に、2006年国連で障害のある人の権利条約が採択されました。

本人の表現力を伸ばす

日本でも2014年に障害のある人の権利条約が批准されました。その後、障害者差別解消法により本人が希望すれば、まわりは合理的配慮が必要とされるようになりました。合理的配慮によって、障害のある本人が感じる不便で不都合な環境を減らすということです。例えば、聴覚過敏な人がイヤーマフをつけるという物理的配慮もあります。ただ、知的障害や発達障害のある人の場合、コミュニケーションへの配慮が最重点になると思われます。本人の言語理解力に合わせながら、相手に分かるように伝える必要があります。あわせて相手の意思をくみ取り、過ごしやすくするコミュニケーション環境を整えることも重要です。

２０１５年に『知的障害・発達障害のある人への合理的配慮』（かもがわ出版）を出版しました。同書では主に、本人とコミュニケーションをとる際に配慮すべき点に焦点を当てました。続編としての本書では、本人の表現力を伸ばすことを目的としています。

本書のねがい

この本には、筆者が幼児期などからかかわってきた青年期・成人期の方たちの話が出てきます。彼らにことばを教えることもありましたが、どんなことばを教えたらいいのか、的確にわかっていたわけではありません。彼らの成長を見続けるうちに、人とかかわるときに重要な働きをもつことばが欠けていることに気づかされました。本書では、獲得すべき代表的なことば、実用的で学んでおいたほうがいいことばなどを取り上げています。

これらのことばが使えるようになることには、以下のような意味があります。

○生きやすくなること――まわりとコミュニケーションを取れるようになり、生きやすくなります。
○表現の喜びを知ること――自分を表現するなかで、共感が生まれ、相手に自分を理解してもらえます。
　表現することの喜びにも繋がるでしょう。
○表現することで、「生きている」実感を味わうこと――人とコミュニケーションをとるなかで、新しい自分の発見もあることでしょう。それによって、「生きている」という実感と充実が生まれるに違いありません。

本書を活用していただき、本人が豊かな人生を送れるようになることを願っています。

２０１８年10月

湯汲　英史

も・く・じ

1 子どもに教えたい、自分を表現することば
2 確認を求めることば「……して、いいですか?」
3 承認を求めることば「貸して／いいよ」
4 質問することば「わかりません、教えてください」
5 質問することば「どうやるの?」

1 子どもに教えたい、自分を表現することば

知的障害や発達障害があると、コミュニケーションの面でさまざまな問題が起こりがちです。そのために、まわりに自分の思いを理解してもらえないことが多くあります。まわりから理解してもらえない理由のひとつは、表現力の未熟さです。未熟さの背景には、まわりから表現の仕方を教わっていないということがあげられます。おとなは、子どもが幼すぎる言い方や不適切な表現をしたときには修正して、どのような表現をすれば良いかを伝えましょう。

ことばの量が重要なのか

絵カードを使って、単語を教えます。どんどん教えて、子どものボキャブラリーを増やしたくなります。ことばをたくさん知っていると、子どもの理解力が高まった気がします。しかし、動物の名前をたくさん覚えたからと言って、生活が豊かになる感じはしません。また、一度覚えたことばでも、使わないと忘れていきます。ことばは使わなければ忘れてしまい、役に立たなくなってしまいます。

知的障害、発達障害のある子どもの場合、おとながことばで説明する一方通行になりがちで、表現の仕方を教える機会が少なくなりがちです。表現の仕方を教えても、すぐにまねして言えなかったり、ちゃんと表現できなかったりするからかもしれません。

一般的な育児では、子どもが黙っていれば「お口で言いなさい」と話しかけます。それでも言えなければ「○○と言うのよ」と手本を示します。そして、表現がまちがっていたり、未熟なときに

は修正し、正確なものにします。それをまとめてみると、《表現の誘導→表現の手本を示す→子どもの表現を聞く→正しくないときには修正する→再度表現させる》といった手順となります。

「できた！」という報告と社会的承認

子どもは何かができたときに、「できた！」とうれしそうに言います。このとき子どもは、自分がやったことが〇（マル）なのか、×（バツ）なのか、おとなに評価してもらうことを期待しています。評価がマルならば、それは学ぶに値するものであり、獲得すべき事柄です。修正すべき点があれば、おとなはそれを教える必要があります。子どもは、評価を受けることで、やみくもにではなく効率的に、適応していくのに必要な言動を学んでいきます。

　また、おとなから「マル！」「できたね」「お兄ちゃん、お姉ちゃんだね」とほめられると、自分に自信がもてることでしょう。ほめられたい気持ちが、人との結びつきを強めます。このように人から認められたいという思いは、「社会的承認欲求」と言われ、社会を営む人間の根源的な欲求とされています。

「できた！」という表現を教える

子どもは、何かができたときに「できた！」と報告します。認められたい気持ちが生まれ、おとなからの評価を求めます。

　何かができた子どもには、先まわりせずに、必ず「できた」と自分で言わせて、それを待って評価することです。その枠組みを作ることで、社会的承認欲求を根付かせることができます。

　「できた」と言えない子には、その子ができる動きで、「できた」を表現してもらいます。たとえば、おとなの手をとんとんとタッピングさせることで、「できた」を表現させたりします。

　Bくんは20歳、作業所で働いています。彼は作業中に、働くのを止めてしまいます。Bくんは自分勝手と評価されています。Cくんは、自分の仕事がある程度区切りがつくとボーっとします。Cくんは仕事が好きではないと思われ、目が離せないとも言われています。

　二人に共通しているのは、「できました」と報告することができないことです。「できました」と言えないのは、「どこまでやったら終わりなのか」を意識できていない可能性があります。「できました」と報告できれば、作業所の職員が次の指示を出せます。Cくんがボーっとしてしまうこともないでしょう。この二人には、仕事の終わりを意識させるために、「できました」と表現するように教える必要があります。

幼児期から「できた」という表現を意識して教えることには、そういう意味もあるのです。

自分への理解をうながす

子どもたちは、自分のことを語るのが苦手です。一般的には、「自分はやさしい」「自分はがんばりやさん」などと表現できるようになるのは、小学校高学年から中学生にかけてです。そのように「自分ってどんな人ですか?」という質問に答えられるようになる前は、「わからない」「お母さんに聞いて」というように答えます。

自分のことを理解するという点で、ちいさい子どもが不利なのは、友だちがいないか、少ないということがあげられます。友だちには、自分を映す鏡の役割があるからです。友だちから「○○は……だ」と言われることで、自分の性格や特徴などを知るようになります。

北野武さんが『新しい道徳』(幻冬舎、2015年)で言うように、子どもはもともと「自分のことを見つめる」ことができません。コミュニケーションに問題がある場合は、なおさらむずかしいと思います。子どもに対しては、「○○はがんばっているね」「えらいね」というように、自分への理解を助けることばを日常から使うようにしましょう。

伸ばしたい「子どもからの発信」

子どもとコミュニケーションをとりたいという保護者や関係者の思いは、年々強まっているように感じています。おとなと子どものコミュニケーションが、一方的なものになりがちなのは、子どもからの発信が少ないからでしょう。それは、おとなが子どもに「表現の仕方」を教えていないからではないかとも思います。

本書では、子どもの将来に役立つような表現の方法について紹介していきたいと思います。

2 確認を求めることば「……して、いいですか？」

子どもは、幼児期という短い間に、ものの扱い方、ことば、人との関係のとり方など、多くのことを学んでいきます。すべてのことが、人生で初めての体験として、脳にインプットされていきます。たくさんのことを学ばなくてはいけない子どもたちは、効率的に、安全に学んでいくために、まわりの人に確認を求めるようになります。確認して取り組んだほうが、まちがわなくてすむからです。

また、確認することを通して、まわりの人との良好な関係も生まれてきます。学習をすすめていくうえで、必要なスキルでもあります。

確認する子ども

テーブルの上にあるスプーンを投げる子どもを、おとなが注意します。注意されると、それからは投げなくなる子もいます。一方で、おとなの顔色を見ながら投げ続ける子もいます。一度でわかる子もいれば、そうはいかない子もいます。ただ、何度も注意されると、投げようとはするものの、おとなの顔を見て投げるのをやめるようになります。

子どもは、初めてのおもちゃであそぶときに、警戒することがあります。まずはおとなが操作して、「あぶなくない」ことを示します。そのあと、子どもはおもちゃであそびながら、おとなをちらちら見たりしています。おもちゃの扱い方が適切かどうか、確認しているかのようです。

こういう行動を「社会的参照行動」と言います。参照行動は、子どもが危険を回避したり、ものの扱い方を知ったり、社会のマナーやルールを学んでいくときに必要な能力です。

確認しない子ども

隣の家に上がりこんでは、冷蔵庫を勝手に開けてジュースを飲んでしまう小学3年生の女の子。自分の家でも同じように、勝手に飲み食いをする子でした。理解力はある程度高いのですが、「やってもいいかどうか」を人に確認する習慣がありませんでした。そこで、この子に対しては、何かを飲み食いするときには、親に「食べていい？」「飲んでいい？」と確認させるようにしました。それに対して、親が「よい」「いけない」と答え、それに従わせるようにしました。

園や学校のものを、確認もしないで使う子も問題です。先生の机からハサミを勝手に持ち出して使ったり、備品などを確認しないで取り出したりするなどの行動を示す子には、「使っていいですか」と、必ず確認する習慣をつけさせましょう。

「わかっている」と誤解される

青年期以降になると、職場で働くようになります。ここで問題になるのが、「確認しない」ことです。「やっていいですか？」と確認しないと、自分勝手と思われてしまいます。

また、確認しないままで、ある程度できていれば、「わかっている」と思われがちです。しかし、ちゃんと理解しているのではないので失敗します。確認しないで失敗すると、まわりが責める声も荒々しくなったりします。怒られたときの声が怖くて、仕事に行けなくなる場合もあります。

もともとの原因は、本人が確認できなかったことにありますが、その原因は容易にはわからないこともあります。

確認のことば「……して、いいですか」

日常生活のなかには、確認を求めさせたい場面がいくつもあります。飲食のこと、物の使用ばかりではありません。何かを「やっていいですか？」と言わせることで、確認の習慣をつけていきます。おとなは子どものやり方を観察することで、うまくできる方法をその子に教えることができます。上手にできるようになれば、子どももうれしく、楽しくなるでしょう。

多動の子どもは、衝動性が強く、確認せずに物事に取り組もうとします。人のやり方を観察して学ばないので、結果的に自分流のやり方になり、失敗しがちです。失敗するから、イヤになって、二度と取りくもうとしなくなったりします。

確認は、ことばだけではなく、「目を合わせる」「トントンと肩を叩く」などの行動でもすることができます。ことばが使えない子には、こういう仕草を教えましょう。

確認することは依存ではない

子どもが「やっていいですか？」「これでいいですか？」と聞いてくることを心配するおとなもいます。子どもが確認する姿を「依存的」だととらえるからです。

子どもが確認したいと思うのは、失敗を回避するためです。あるいは、上手にやれる方法を学ぶためです。その思いを汲み取りながら、かかわる必要があります。

自分で考えさせる必要も

一方で、十分に方法を理解していて、上手にできるにもかかわらず、何かをやるときに確認を求める子どももいます。それが儀式化している場合には、「やっていいですか？」「これでいいですか？」を、ことばではなくカードで表現させます。また、写真や文字にしてやり方を示すようにします。それは、話しことばで確認させないということです。

作業などでは段階表を作って、本人がどこまでできるようになっているかを明示します。そして、できることは質問せず、できないことだけを質問させるようにします。

確認することで生まれる良い関係

確認されると、おとなは、子どもが何を求めていて、何をしたいのかがわかります。確認することは、まわりの人から教えてもらう機会につながります。このことで、確認しないで失敗して注意されてばかりという状態から抜け出ることができます。

教えてもらったおかげでうまくできれば、まわりからほめられることもあるでしょう。自分はできるという自信にもつながり、子どもの取り組む意欲も高まります。自分への肯定的な見方、また教えてもらった相手への感謝の気持ちが、お互いの関係性を良好にするはずです。

3 承認を求めることば「貸して／いいよ」

人とかかわるときに必要なことばを使えない子どもは、「できない！　教えて」と、助けを求めることができません。

同じように、ものをめぐるやりとりでも、「貸して」と言えないために、ほかの子どもとトラブルになりがちです。ほかの子たちは、「勝手に取られた、使われた」と怒りますが、もちろん本人にそういう意識はありません。そのうちまわりがあきらめて、「勝手に使う」ことが常態化してしまいます。

相手に「貸して」と言うこと、また、相手の「いいよ」を聞いてから借りることを、教える必要があります。

人に助けを求められないという不幸

コミュニケーションに障害のある子どもの不幸は、まわりの人に助けを求められないという点にあると強く思います。「わかりません、教えてください」と言うことができれば、「わからない子・わかろうとしない子」と誤解されることもありません。

子どもに課題を与えて、それに取り組むよう促します。課題が子どもの発達にあった内容であれば、子どもは熱心に取り組みます。つまずいたときに解決方法を教えると、それを素直に聞いて、できるように努力します。「学ぼうとしない子」ではありません。人とかかわるときに適切なことばが使えず「誤解されやすい子」だと言えます。ものごとに取り組む彼らのけなげな姿を見ていると、そう思わずにはいられません。

承認を求めない子ども

週に一度、保育園に「発達に関する巡回相談」で伺っています。そこでTくんに会いました。彼は5歳、自閉的な傾向があります。知的な障害は軽度といえるのですが、人とかかわることばが使えません。

本来ならば、「貸して」と話しかけ、他の子のおもちゃを貸してもらえばいいのですが、それが言えません。他の子があそぶおもちゃが目に入ったら、無言で取り上げてしまいます。自分のおもちゃを取られた子どもは、猛然と怒ります。道徳的に許せない行為だと思うようになる時期ですから、当然です。しかし、Tくんには通じません。むりやり取り返そうとすると、Tくんは声を上げて抵抗します。

そこで、先生が「貸して、でしょう」とTくんに教えました。Tくんは興奮しているためか、このときには言えなかったのですが、借りるときに必要なことばがあるということはわかったようです。次に巡回に伺ったとき、Tくんは「貸して」と言えるようになっていて、他の子たちとのトラブルは激減していました。

もしも、「貸して」のことばを使えないままだと、まわりの子とのトラブルは続きます。そのうちに、子どもたちはあきらめてしまい、Tくんを遠ざけるようになるでしょう。

ものの貸し借り

もののやりとりは、お金と物の交換も含めて、重要な社会的行動です。人との貸し借りもまた、社会生活を送る上で基本的なスキルです。

一般的に、子どもはかなり早い段階で、貸し借りがわかるようになります。3歳前後になると、「貸して」と言い、相手の「いいよ」の返事を待って使い始めます。もちろん、形式だけでの段階ですから、自分の「あそびたい」という気持ちが強ければ、相手の「ダメ」の返事を聞かなかったりもします。そして「貸してくれない！」と騒ぎ、強引に取り上げようとしたりもします。このような姿を見せる子は、「貸すか、貸さないか」を決めるのは相手だということがわかっていません。決定権を誤解していると言えます。

同じような姿が発達障害のある子にも見られることがあります。こういう子には、「いいよの答えだったらあそべる」ということを繰り返し教えます。反対に、「ダメと言われたときには使えない」ということも伝えます。何度もやっていると、この関係が理解されていきます。

わざと取り上げて「人であそんでいる子」

おもちゃの貸し借りは、子どもにとって真剣なことです。自分のあそんでいるおもちゃを、ほかの子に取り上げられた子どもは真剣に怒ります。その怒った姿がおもしろいのか、わざと取り上げる子がいます。人とかかわっているのではなく、ほかの子の反応をおもしろがる、つまり「人であそんでいる」子どもの姿です。

こういう子は、ほかの子から嫌われてしまう場合があります。嫌われて、意地悪をされることもあります。子どもにとっては、とても頭にくる行為なのでしょう。だから意地悪につながります。わざと取り上げる子には「ダメ」と強く言うことです。いけないことをしっかりと伝える必要があります。

場面を設定して伝える

子どもが先生の机から勝手にハサミなどを取り出して使うことがあります。勝手に使う行為はやめさせなければいけません。無断で使うことが定着すると、ものだけでなく、お金を勝手に持ちだして使うことにもつながりかねないからです。

子どもがものを勝手に使うことがあるときには、使いそうな場面をとらえて、「貸して」ということばを教えましょう。また、「いいよ」と言われるまで使ってはいけないことも教えます。劇や絵を使って、「貸して」を教えてもいいでしょう。「貸して」が言える、「いいよ」を待って使えることができたら、「すごいね」「お兄ちゃんだね」「お姉ちゃんだね」とほめます。子どもは、自分が大きくなった気持ちがするでしょう。

その子がおとなになり、仕事についたとき、「貸してください」と言えるのは重要なスキルです。「いいよ」と言われて使い始めれば、良い評価を得られることでしょう。小さいうちから意識して教えたいことばです。

4 質問することば「わかりません、教えてください」

子どものまわりには、わからないことがたくさんあることでしょう。自分で調べることができない子どもたちは、ときとしてうるさいほど、まわりのおとなに質問することで、知識や理由などを学んでいきます。

一方、発達障害や知的障害のある子どもたちは、質問することができなかったり、疑問詞を誤用したりして、会話がスムーズにできないことがあります。それによって、学ぶべきことを学習する機会が減ってしまいます。

効率的に学ぶことができるよう、まわりの人に質問することばを教えたいものです。

青年たちとドリル学習

20代のASD（自閉症スペクトラム障害）の青年たちを対象に、国語ドリルで学習をしています。ドリルのレベルは、小1から3年生くらいです。

青年たちの多くに見られることですが、働きはじめると、学校に行っていたときより会話力が落ちる傾向があります。働く場や家庭で、かんたんな会話しかしなくなる傾向があるのです。ドリル学習は、青年たちの日本語力、会話力を、レベルダウンさせたくないという目的ではじめました。

ドリル学習をするようになってから1年が過ぎました。青年たちの学習態度はとても良く、集中して取り組んでいます。幼児期からの彼らのすがたを振り返ってみると、学童期にはドリルを嫌っていた人もいます。それが今、落ち着いて集中して学んでいます。彼らには、日本語を学びながらわかることが増えているという実感があるのかもしれません。

「わかりません」「教えてください」と言えたら

ドリル学習をはじめたもう一つの目的は、人への質問の仕方を教えたかったからです。

特別支援学校高等部のとき、企業実習に行ったある青年は、「自分勝手に仕事をすすめてミスをする」という評価を受けました。別の青年は、どうやっていいかわからなくなると、固まってしまいます。精神的に立ち往生して、判断できなくなるとも言えます。そのため、職場の人からは「動かない、仕事ができない」というマイナス評価を受けてしまいます。

二人とも「わかりません、教えてください」とさえ言うことができれば、まわりの人たちは親切に教えてくれたかもしれません。そうすれば、「自分勝手」だとか「固まる」といった評価は、受けなくて済んだとも思います。どうしていいかわからないときに、まわりの人に「わかりません、教えてください」と助けを求めることばを獲得すれば、今よりもはるかに生きやすくなるだろうと思いました。

実際にドリル学習のなかで青年たちとやってみると、答えがわからない場面で「わかりません、教えてください」ということばを使えるようになってきています。ただ、自分で問題を解きたいという思いが強い青年は、スムーズに「わかりません、教えてください」とは言いません。人それぞれだなと思いながら、取り組んでいます。

「わかりません、教えてください」と言えるようになった青年は、まわりの人に自分の意思を表現できるようにもなってきました。人とのかかわりに、自信をもちはじめたようです。

「これ、何？」

子どもは、知らないものを見つけると、ごく自然に「なーに？」と聞いてきます。おとなは、それに対して「○○だよ」と答えます。こんなふうにして子どもは、興味をもったものの名前を、次々に覚えていくことができます。

電車の載った本を、ジーっと見ている子がいます。しかし、「なーに？」と質問してくることはありません。こういう場合には、おとなが「なーに？」と質問のことばを言いながら、あわせて「電車」と答えを言うようにしてみましょう。そんなふうにして、質問の仕方を子どもに伝えるのです。子どもが何かに興味を向けているときに、「これなーに？　……だよね」と話しかけます。

ＡＳＤの子どものなかには、大人の質問文をまねするだけで、求められている答えを言えない子がいます。こういう子にも、質問と答えをセットで伝えると、答えの仕方がわかってきます。

「お名前は？」

子どもは、まわりの子どもや人の名前に興味があるはずです。クラスの子どもたちの名前を覚え、おとなになっても忘れていなかったりするのは、その証拠です。

おとなから「お名前は？」と聞かれたとき、自分の名前を答えるという会話を、子どもたちはよく体験します。自分から他の人の名前を聞くときの言い方も教えるといいでしょう。たとえば、保育園などでは、見学者を相手に「お名前、教えてください」と、園児に言わせたりします。

疑問詞の誤用

子どもの「どこから来たの？」という質問に、おとなが「○○から来たよ」と答えます。ところが、その答えには納得せず、また同じように「どこから来たの？」と聞いてきます。こういう会話を繰り返すうちに、子どもの質問の本当の意味は「どうしてここにいるの？」ということだと気がつきました。それ以後は、「保育園を見に来たんだよ」とか「先生とお話に来ました」と答えるようにしています。そう答えると、子どもは納得して、再質問しなくなります。

ことばの力が未熟だと、疑問詞の誤用、転用が起こります。子どもに質問されたときには、疑問詞に捉われず、その真意をとらえる必要があります。

折に触れて教えたい質問することば

子どもたちに質問するだけでなく、いろいろな場面をつかって、「誰と来たの？」「何をしたの？」など、質問文を教えるようにします。

なかには質問文を繰り返す子もいます。人とかかわりたい気持ちの表われなのでしょうが、それ以上の会話には進みません。質問の回数を決めたり、違う会話に誘導したりするなどの工夫が必要ですが、なによりも人とかかわりたいという子どもの思いを受け止めたいものです。いっしょに運動する、料理を作る、作業をするなどの活動を通して、その思いをかなえましょう。

5 質問することば「どうやるの？」

前項で解説したように、発達障害のある子どもたちの多くは、何かに取り組んでいるときに「わかりません、教えてください」と言うことができません。そのため、まわりからは「できるようになりたいと思っていない」のだと受け止められがちです。

おとなになって仕事に励む人たちを見ていると、内面には「できるようになりたい」という気持ちがあることを感じます。しかし、教えてもらうためのことばを使えないか、不十分なままでいるのです。困ったときに、まわりの人に教えてもらえるようなことばを、子どもたちに伝えたいものです。

やり方がわからないとき

たとえば、子どもが折り紙を折っているときに、やり方がわからなくなると「どうやるの？」と、まわりの誰かに教えを求めます。誰かとクッキーを作っているときにも、何をしていいかわからなくなったときには「どうやるの？」と聞いてきます。

ところが、発達障害のある子は、やり方を聞くことが苦手なために、自分勝手にやってしまって失敗したりします。失敗すれば、当然ですが活動が楽しくなくなります。なかにはイライラして、気持ちを爆発させる子もいます。爆発の原因は、「どうやるの？」と人に聞けないことにあるようです。

だれもができるようになりたいと思っている

「どうやるの？」と聞いてこない子どもは、できるようになりたいと思っていないのだろうと、まわりから受け取られることがあります。失敗して、再挑戦する姿を見せていながらも、「どうやるの?」と質問しないので、「ちゃんとできるようになろうと思っていない」のだと、勘違いされてしまいます。

子どもがまだ小さいときはわかりにくいのですが、年齢を重ねてくると「作業」や「調理実習」などに熱心に取り組む姿を見せるようになります。ちゃんとできるようになろうと思い、他の人のやり方を見たり、説明をしっかりと聞くようになります。そのとき、「どうやればいいですか?」とまわりに聞くことができなければ、失敗する可能性が高くなります。聞かないことで、「ちゃんとできるようになろうと思っていない」と見なされる可能性があるのです。

「どうやるの?」ということばを言えないことが、子どもにとって不利な誤解を生んでしまうのです。

有効な手順表

そんな子どもたちにとって、料理のレシピのように作る手順を示すものは、確実に有効です。手順表に従うことで、最終目標に到達できます。

ただ、便利で有効な手順表ですが、細かいところでわからないことが出てきます。筆者も、レシピを見ながら料理をしますが、必ずしもきちんと理解できないことがあります。ここはどうするのかな? どうやればいいのかな? と手が止まり、ときに立ち往生してしまいます。

そんなとき、「ここはどうやるの?」と聞けると助かるな、そういう料理ソフトが出ないかな、などと夢想したりします。

ワーキングメモリの問題

発達障害のある子は、ワーキングメモリの容量に問題があるとされます。メモリの容量が少ないと、たとえばやり方がわからなくなったときに、頭のなかでいろいろと考えることができません。誰かに聞いてみよう、参考書を探してみよう、ネットで調べてみようという具合に、頭のなかで解決策を探すことができないのです。頭のなかで解決策を探さないままで、自分流でやっていけばミスも起こりがちです。

落ちつきがなく、すぐにイライラしていた5歳の頃のTくん。なにかに取り組んでいるときにうまくいかないと、身近にあるものを投げたり、人を叩いたりしていました。つまりは八つ当たりです。「できなくて、すぐにイライラする子」と思われ、必然的に、怒られたり注意されたりすることが多かったTくんでした。

たいへんな問題児だったのですが、先生はなんとかしようと思っていました。取り組みでうまくいかないときは、Tくんと一対一で教えるようにしました。そして、最終的にはできるようにしていきました。

先生が一対一で教えていると、他の子と違ってTくんがやり方を聞かないことに気づきました。そこで、先生はTくんに「わからないときには『どうやるの？』と聞いてね」と教えました。実際、折紙や工作をしているときに、先生に「どうやるの？」と聞けば、やり方がわかり、成功する確率がぐんと上がりました。

6歳になると、イライラが減ってきました。というのも、わからないときには図鑑などを参考にするようになったからです。ワーキングメモリの容量が増え、解決のための方法が頭に浮かぶようになりました。

おとなになった自閉的な青年が、スマートフォンを上手に使い、やり方を習得する姿をよく見るようになりました。こういう姿を見ていると、やはりみんな上手にできるようになりたいんだなと、確信するようになりました。

「どうやるの？」を身につけさせたい

Tくんが「どうやるの？」を獲得していったプロセスは、多くの子どもたちに有効なはずです。工作や料理など、なにかを作っているときに、子どもが立ち往生したら、「どうやるの？　と聞いて」「教えてあげるからね」と伝えましょう。具体的な場面で、そのことばを使ったら完成できたという体験は、子どもの心に強く残るでしょう。そして「どうやるの？」を記憶し、ふだんから使えるようになるに違いありません。

人に教えてもらう、まわりに助けてもらうために必要なことばは、実際の場面で使うことでしか学習できないでしょう。だからこそ、日常の場面で教えたいのです。

なお、自分で考えずに、人に頼りがちな子には、「自分で考える機会」を与えるようにします。その後に「どうやるの？」を教えましょう。

6 助けを求めることば「できない!」と言えるちから

7 自分の気持ちと意思を伝えることば「いや」「やらない」

8 自分の気持ちを表すことば「したい」「やりたい」

9 選ぶちからを高めることば「これがいい」

6 助けを求めることば「できない！」と言えるちから

なにかができないときに、子どもは「できない！」と訴えます。子どもの「できない！」という訴えを聞いたおとなは「こうすればできるよ」とやり方を教えます。子どもはおとなの助けによって、やり方を学んでいきます。

一方で、「できない！」と訴えることができない子がいます。そのために、適切なやり方を学ぶことができず、課題を解決できないままになってしまいます。

ある青年は、ものごとを人に相談せずに決めていました。小学校高学年まで、うまくいかないときは泣き叫ぶばかりでした。小さい頃から、人に助けを求めない子だったのです。

「できない！」は、便利なことば

積木であそんでいるとき、うまくできないと子どもは「できない！」と大声で言ったりします。着替えをしているとき、うまく着られないと子どもは「できない！」と訴えます。うまく絵や字を書けないときも同じです。子どもたちは「できない！」と訴え、助けを求めます。

「できない！」という子どもの訴えを聞いたおとなは、子どもができるように手伝います。積木あそびのやり方、服の着方、絵や字の書き方などを、子どもの状態に合わせて教えます。おとなは教えながら、できるようになった子どもをほめたりもします。

言うまでもありませんが、子どもはいろいろなことを学ばなくてはいけません。学ばなければ、自立への道を進むことができません。学ぶことが運命付けられている存在だとも言えます。

自分でできないとき、わからないときに、かんたんに助けを得られることばが「できない！」です。そのことばを言えば、誰かが助けてくれて、できるように、わかるようにしてくれます。非常に役に立つ、便利なことばです。

「できない！」を引き出す

ことばが遅れている子どものなかには、「できない」と言えない子がいます。「できない」と言わないので、まわりは「この子は何も困っていない」と思ったりします。

一方、おとながその子に対して何もできないと思い過ぎると、全面的に介助をしてしまうことがあります。全面的な介助を受けると、子どもは何も学べない可能性があります。

先日、ある保育園で、先生が子どもに折り紙を教えていました。子どもがうまくできなくても、先生は無言でどんどんすすめていきました。きっと子どもは理解できなかったと思います。できない場面で大切なのは、おとなが「できないね？」と話しかけて、子どもに「できない」と言うように促すことです。

課題学習も同じです。子どもができないときには、おとなが「できないね」と、ことばのモデルを示し、子どもに「できないって言って」と促します。その後、おとなは「できないね、教えるよ」と話し、やり方を伝えます。子どもから「できない」ということばを引き出すことができたら成功です。それを繰り返すうちに、子どもは人から教わるときに、自ら「できない」が使えるようになるでしょう。

まわりの人に相談できないつらさ

もうすぐ20歳になる専門学校に通う青年。彼は進路選択など、人生の岐路ともいうべきときに、人に質問したり相談したりすることができませんでした。まわりが教えようとすると、かたくなに拒むこともありました。理解力や社会性に大きな問題はありません。生育歴をみると、「ことばが遅かった」とあります。

1歳から4歳という時期に、子どもは「ちょうだい（要求）」「やっていい？（確認）」「これ、なー に（質問）」「電車ね（報告）」といったことばを獲得していきます。これらは、人とかかわる際に使われることばです。彼はその頃、「できない！」

「わからない。教えて！」といった、まわりに助けを求めることばを言わなかったそうです。

人との関係のとり方について考えると、初期の頃に学ばなくてはいけないことばややりとりの体験が不足すると、まわりと相互交渉できる力が獲得しにくくなるのかもしれません。

彼は、小学校の高学年になっても「できません、教えてください」と言えませんでした。その結果、できないときには「大騒ぎしてしまう」という表現になったのでしょう。

こういう子どもや青年の姿を見ると、「一人ぼっちでたたかっているんだろうな、たいへんだな」と胸が痛くなります。まわりから「できません。教えてください」ということばを伝えてもらっていればと、強く思います。

作業学習とことばの勉強

特別支援教育には、昔からの取り組みとして「作業学習」があり、紙製品や木工製品を作ったりしています。小学校から取り組みでは「調理学習」や「清掃作業」があります。作業学習は将来の社会参加にとって有効とされ、熱心に取り組んでいる学校もあります。

いま、職場では「ホウレンソウ」が大切とされます。「報告」「連絡」「相談」のことですが、それをわかりやすいことばに替えたものです。

（報告）「○○ができました」
（連絡）「△△するように言われました」
（相談）「どうやったらいいですか？」「これでいいですか？」

作業学習では、こういうことばがよく使われます。作業学習をするなかで、こういうことばが使えるようになります。「できません。教えてください」ということばも、同じように使えるようになります。

障害のためではなく、まわりから教わっていないから使えないことば。なるべく早くから使えるようになれば、子どもが生きていくときに楽になるでしょう。

7 自分の気持ちと意思を伝えることば「いや」「やらない」

すぐに「いや」と言う子がいます。「いや」と言って、新しい取り組みを避けようとするのです。「いや」をよく使う子を見ていると、何をやらされるかがよくわからず、不安を感じていることがわかります。その子の不安を和らげるように、まずはおとながやって見せたり手伝ったりして取り組ませること、大いにほめてその気にさせること、などの対応が必要です。

一方で、「いや」「やらない」が言えない子がいます。人とかかわるときに使うことば、要求語である「いや」「やめて」が使えないことで、社会性に問題が生じることがあります。パニック防止の意味でも教えるべきことばです。

「いや」と言えない子

4歳のTくんは、保育園に通っています。彼は、プラレールあそびが好きです。クラスにはスケジュールがありますが、自分のあそびに夢中になると、ほかの子たちと同じにできません。先生が、「おしまいだよ」というと、泣き騒ぐことがあります。Tくんは「いや」を使えません。

自分のあそびをやめたくなくて騒ぐのは、健常の子にも見られる姿です。健常の子は、新しいことをやりたくないときには、泣きながらでも「いやだ」「やらない」と自己主張します。ことばで示された子どもの「拒否の気持ち」は、おとなにはわかりやすく、次のようにいろいろな対応を考えてみることができます。

○「いやなんだね、じゃ、あそびが終わったらやろうね」（条件提示）

○「すごくおもしろいよ、やってみようよ」（誘い）
○「～ちゃんもやっているよ、いっしょにやろうよ」（提案）
——などがあげられます。

Tくんは「いや」「やらない」とことばで言えません。そのため、先生はTくんのことを、自分のあそびが優先される「わがままな子」と理解するかもしれません。最悪の場合、「発達障害があるから仕方がない」とあきらめられてしまう可能性もあります。このままだとTくんは、嫌なことがあれば泣き叫んで回避するという方法を身につけてしまうかもしれません。

「学ぶ」ということは、新しいことに挑戦し、理解し、獲得することです。泣き叫んで新しいことを回避する方法を身につけてしまえば、人から学ぶことが難しくなります。

そこで、具体的には、Tくんのそのときの気持ちをとらえ、「いやなんだね」と、まずはその気持ちを受け止めます。重要なのは、ことばで代弁するということです。そして、前述した条件提示などをすることによって、かたくなな子どもの気持ちを動かすようにします。

いやいややりつづけても……

23歳になるKくんは、作業所で働いています。自閉的な彼は、決められた作業を淡々とこなし、良い評価を受けています。下請け作業が中心のため、作業の内容がときどき変わることがあります。Kくんは作業能力の高さを買われているので、新しい内容に取り組む機会も多くなります。新しい内容に集中して取り組んでいると思ってみていると、突然大騒ぎすることがあります。指導員は、何が原因なのかよくわかりません。

こういう姿を見せる青年は、社会性に問題を抱えています。Kくんは、ある程度まではやれたものの、新しい内容が自分には難しくて、うまくできない作業だったのでしょう。しかし、ここで「いやだ、やりたくない」と言うことができず、イライラが募り、大騒ぎとなってしまったのでしょう。

こういうことは多々あります。あるところまでは我慢してやりつづけるものの、それを越えると我慢の限界となってしまいます。そして大騒ぎへとつながります。

Kくんには、「わかりません」「教えてください」

「難しいです」「やりたくありません」といった、自分を表現することばを教える必要があります。

TくんやKくんの根本的な問題は、人とかかわるときに使う、便利なことばを獲得していないことです。子どもが早い時期に獲得する相互理解に役立つことばが使えません。「いや」「やらない」もその一つです。使えないことは不便であるとともに、まわりに誤解を生んでしまう結果になってしまいます。

教えたい「表現のことば」とは、人とかかわるときに使うことばです。

パニックを定着させないために

「パニックには原因と結果があるので、子どもにパニックを起こさせないために、その原因を取り除くべき」という考え方があります。子どもの成長を見ていると、泣いたり騒いだりしながら、まわりの人たちのかかわりもあって、子どもは落ち着き、成長していきます。「いやだ」「やりたくない」という気持ちも起こりますが、徐々にそれを乗り越えていきます。理不尽な押し付けは問題ですが、パニックの原因を除去することは、子どもの成長に悪影響を及ぼすこともあります。

年に数回、特別支援学校を訪問しています。小学部低学年の子どもたちは、落ち着かず、新しい課題に泣いて騒いだりする姿を見せます。それが、年齢が上がるにつれて落ち着いていきます。中学生ともなれば「作業学習」に黙々と取り組む姿を見せるようになります。ただ、なかには不安定さを残し、騒ぐ生徒もいます。こういう子たちのなかに、自分のことばで人とかかわることができない子どもがいるのです。

まわりから助けてもらえる子に

子どもはたくさんのことを、まわりの人たちから学ばなければなりません。学びはスムーズに進むとは限りません。「いやなこと」「やりたくないこと」もあるでしょう。子どもがその気持ちをことばで表現できるようになることで、まわりの人は子どもへの理解を確かにし、適切な対応が取れるようになるでしょう。

8 自分の意思を表すことば「したい」「やりたい」

前項で「いや、やらない」ということばを紹介しました。ある関係者は、「子どもに意思を持たせると手に負えなくなる」と話しました。これは「子どもに意志は持たせない」という教育観です。子どもの意思の芽を摘み、具体的にはすべておとなの指示に従わせることになります。これでは、人間として生きていることになりません。

発達的に見ても、精神年齢が2歳頃になれば意思は出てきます。意思を持たせないことは不可能です。そうではなく、どうやって子どもの意思を社会で受け入れられるものに育てていくかという視点が必要なのです。

子どもの「やりたいこと」を育てたい

30年ほど前のこと、知的障害のある子どもの入所施設に見学に行きました。驚いたことに、その施設では、玄関にも廊下にも何も飾られておらず、ホールなどにはおもちゃも遊具もなく、無機質な、ただの空間でしかありませんでした。職員の方は、「壊すから何も飾らないし、何も置かない」と、おそらく何の疑問ももたずに説明してくれました。

子どもが好奇心を広げ、理解を高めるためには、あそべるものや仲間などが必要です。「施設病」ということばがあります。「ホスピタリズム」とも言いますが、物や人との交流がもてない環境に長くいると、知的障害のない子どもでも、不活発、情緒不安定、知的能力や社会性の低下が起こるとされます。訪問した施設は、まさにホスピタリズムを生むものとなっていました。

たしかに、多くの子どもたちは自分であそびを考え、工夫し、広げていくことが苦手です。しかし、「やりたいこと」がないわけではありません。保育園や学童クラブで、健常の子たちと触れあう子は、あそびを取り込んでいきます。そして、活発にもなっていきます。

子どもは成長し、大きくなるにつれて、「何かをしたい」という気持ちが強まってきます。何もしない「無為無策」の状態に耐えられなくなります。一生懸命に働くおとなの人たちを見ていると、「何かをしたい」という気持ちがあるから働くのだろうと思わされます。子どもたちは「したいことがない」のではなく、「したいことを発見していない」状態だと言えます。だからこそ、おとなは濃厚なかかわりをもちながら、子どもに「やりたい」という気持ちを育てていく必要があります。やりたいことがはっきりとしてくれば、「しないこと」「やりたくないこと」に取り組ませるときの交換条件にもなります。

「嫌いなものを食べたら好きなものをあげる」という考え方は、理解力が1歳半ばになるころからわかりはじめます。意思がはっきりするより前に、このパターンを理解します。理解することで、子どもは相手に合わせて妥協できるようにもなります。

話してもわかってもらえない

知的障害の教育では、子どもの意欲や意思ではなく、子どもを「型にはめる」教育が熱心に行われてきました。心理学の分野でも、多くはおとなが設定した目標に子どもを合わせる指導が続いています。

「教育とは押し付けである」という見方は、ある意味では正しいと思います。教育の大部分は「将来の社会生活」の準備の要素をもっているからです。

ただ、知的障害があると、疑問をもちにくく、質問や異議を表明することがうまくできません。普通であれば、子どもから上がるはずの「何の目的で、こんなことをするのですか」とか「やっても無駄だと思います」といった批判の声がありません。このために、おとなの考えが一方的に行われやすくなります。おとなと子どもとの双方向性をもったやりとりがあることが、発達にとっても理想的なのですが。

おとなになった人たちと話していて感じるのは、その人なりの考え方があることです。ただ、話してもわかってもらえないと思っているな、と感じさせる人もいます。自分を表現する機会が少なかったのか、理解してくれる人がまわりにいなかったのかもしれません。

「○○がしたい」「□□をやりたい」という表現を教えることは、自分のことをまわりに理解してもらうきっかけにもなり、大切です。

自分の要求を表現する

「したい、やりたい」を教える場面として、課題学習があげられます。子どもに取り組みたい教材を選ばせます。そのときに、「○○がしたい」と言わせます。苦手な教材のあとに、やりたい教材に取り組ませます。

運動やあそびの際にも、要求のことばを言わせます。日常生活でもさまざまな場面があるはずです。「したい、やりたい」がないのではありません。まだ発見していない、あるいは、表現の仕方を知らないのだと考えたいものです。

反対に、要求表現の多すぎる子には、がまんする力を身につけさせる必要があります。

「意思形成支援」という考え方

自分の意思を表現できないはずがない、と普通の人は考えます。そのため、何も表現しなければ「意思がない」と思われてしまいます。障害があっても同じでしょう。

いま、福祉の世界では「意思形成支援」という考え方が議論されています。この意思形成ですが、一朝一夕にできるようにはなりません。子どもの頃から要求表現を教える必要があります。その積み重ねが意思形成支援につながり、将来の意思決定能力につながります。

「表現すること」と「生きること」と

幼い子は話し、歌い、踊ります。砂場で砂の山をつくり、紙に絵を描きます。はさみやのりを使って、自分のイメージするものを作り出します。その姿を見ていると、子どもたちは表現するために生きているという印象さえ受けます。

障害のある人たちのアートが注目されています。「表現すること」と「生きることの喜び」が、作品のなかにあるからなのでしょう。

9 選ぶちからを高めることば「これがいい」

子どもは、一般的に3歳前後から自分の好きなものがはっきりとしはじめます。好きなものをやりたがり、まわりから自分の好きという気持ちを無視されると怒ることもあります。好きなものがいっしょだと、子ども同士であそぶ姿も見られるようになります。仲が深まれば、友だちにもなります。

外食などの際に、保護者が「どれがいい？」と子どもの意思を確認することが増えているように思います。そのような体験が、子どもの選ぶちからを高めていくでしょう。

選ぶことと「好きなこと」

その女の子は話すことができません。小学生の頃はイライラしやすく、安定して課題に取り組むことが難しい状態でした。コンピュータ教材を使ってみると、やりたがる課題があります。「好き」という気持ちがあるのだな、と思っていました。

彼女が思春期になりました。イライラが増強する時期です。ご家族は、彼女の意思を確認したいと考え、スマホを使うことにしました。たとえば、お昼に「スパゲッティがいいか、うどんがいいか」を聞く際に、彼女に写真を2枚見せて指で選ばせます。これですべてが解決したのではありませんが、意思を尊重されることで、イライラする姿が減りました。

また、幼児期からかかわって、いまは中年になった女性がいます。彼女も話ができないまま、イライラする姿を見せていました。おとなになって、パン工場で働くようになったのですが、これが彼女をグーンと落ち着かせました。彼女は大好きなパンを作れることが、うれしかったに違いありません。今も、パン作りに励んでいます。

子どもが「好き」という気持ちを見せはじめるのは、3歳前後からです。子どもが好きなことを無視して他のことをやらせようとすると、怒ったりします。子どもが怒るときには、「これをやってね、終わったら（好きなことを）やっていいよ、順番ね」と話すなどして、「好き」という気持ちを尊重するようにしています。

好きな仕事に就ければ、精神的に安定して、意欲的に働き続けることができます。パン作りに励む彼女が教えてくれました。

見える化で選べるメニュー

40年ほど前には、子どもたちと寿司屋に行くことなど、考えられませんでした。フランス料理を出すレストランでは、メニューはフランス語で書かれ、申し訳程度に日本語が添えられているような時代。文字情報が主の時代でした。

時代が変わり、全国にひろがった回転寿司では、実物が目の前に現れます。実物を見ながら、好きなものを選ぶことができるので、寿司屋によく行くと話す子もいます。青年たちが仲間と連れ立ってカラオケに行くことも日常になりました。カラオケの機械操作のガイドシートは、聞くところによれば、日本語がわからなくても使えるように作られているそうです。

写真メニューは、多民族・多言語国家であるアメリカのファストフード店で生まれました。「見える化」されたメニューは、今日では世界中にあります。ことばはわからなくても、選択できることは多くなっています。障害を感じさせないバリアフリーが、今後の世界で重要だとされていますが、写真メニューはその先駆けともいえるアイディアでした。

好きなことと「自分」という意識

好きなことを否定されたときに怒る子どもの姿を見ていると、「好き」という感情は大切な意味をもっていると思います。

好きなことがあることで、自分という意識も強まるのかもしれません。なぜなら、「好きなことが他の人と違うから、自分は自分」という意識が生まれるからです。おとなも同じで、自分の好きなこと、趣味などをまわりからバカにされ、否定されると、怒りの気持ちが湧いてきます。好きなことを否定されることは、自分の全人格が否定されたようにも感じるものです。

同じことが好き！

プラレールが好きな子どもが二人いるとします。最初は、二人ばらばらであそんでいます。この段階を「平行あそび」と呼びます。この段階では、互いにちらちらと見たりしています。興味があるのは確かです。そのうちに、相手のあそびを自分のなかに取り込みます。観察学習の成果です。

このあと「協同あそび」と言われる姿が見られます。「協同あそび」とは、お互いにかかわりあいながらあそぶことを言います。この時期は、かかわりあいが増える分だけ、いざこざやもめごとも増えますが、がまんすることや、お互いの気持ちを伝えることで、そこにおとなが上手に介入することを助けたりします。こうした「協同あそび」は友だち関係を作るのに有効です。

一方の子に、いっしょにあそんでいる子のことを「好きですか？」と聞くと、「好き」と答えたりします。「どうして好きなの？」と質問すると、わかる子は「いっしょにあそぶから」と話したりします。

「好き」という気持ちは、子どもと子どもの関係づくりに影響し、友だちという感覚も生み出していきます。「好き」という気持ちを大切に育てたい理由のひとつでもあります。

選ぶことは自己表現

子どもの頃は、親が子に代わって選ぶ機会が多いでしょう。しかし、成長するにつれて、子ども本人が「どれがいいか？」「行くか、行かないか？」「やるか、やらないか？」など、選択しなくてはいけない場面が増えてきます。選べるようになるためには、小さい頃から選ぶという体験を積ませる必要があります。

小学生になった女の子が、かわいいスカートを身に着けてきます。思春期になれば、アクセサリーをつけてくる子もいます。聞くと、自分で選んだと話します。好きな洋服やアクセサリー、バッグなどを見ながら選ぶことで、彼女は自分を表現しているのだとも思います。

10 社会的承認要求の発生――「認めて欲しい」という叫び

11 社会的承認を求めることば「見て、見て」

12 社会的承認を求めることば「聞いて、聞いて」

13 前向きな自分を表現することば「できるよ!」

10 社会的承認欲求の発生——「認めてほしい」という叫び

子どもは、自分を認めてほしいと思っています。認めてほしいという気持ちを、「社会的承認欲求」と言います。この欲求は一生にわたって続く、人間に深く根ざしたものです。

認められることで人との関係が生まれ、社会の一員となることができます。承認されることが心の安定にもつながります。通常、子どもはまわりに承認を求めますが、求める表現が弱い子がいます。しかし、人間ですから承認を求める気持ちに変わりはありません。まわりのおとなは、承認されたいという子どもの思いをくみとり、機会を見つけながら認めていく必要があります。

承認されたい、という思い

ある青年は、母親から、あるいは職場の上司から注意されると、激しく反応します。どうして注意されたことに激しく反応するかと言えば、自分への評価がマイナスになるからです。

人から受ける社会的な評価に敏感になるのは、おおむね4歳前後からです。よい評価を受けたいという気持ちが強まる一方で、マイナスの評価には怒ったり、すねたり、沈黙したりして抵抗します。

注意されたことに怒る青年は、本当はプラスの評価をされたいのに、マイナス評価をされたことがイヤなのです。日常のなかで評価される場面を意図的に作ってやる必要があります。

お母さんには、「手伝いをしてもらったときに『ありがとう、助かるよ』と言ってあげてください」と話しました。職場でも、注意するばかりでなく、彼の働きを評価することを勧めました。

別の青年の話です。彼は、上司から「頭を使って仕事をしなさい」と言われて、職場で大さわぎしてしまいました。これもまた、「頭を使っていない」というマイナス評価への反応といえます。本人には「頭を使っていますができません。教えてください」と話すように勧めました。

子どもでも、青年でも、もっと年齢が上になっても同じなのは、「人から承認されたい」という思いであり、強い願いです。そのことを忘れて対応すると、思わぬ強い反応が返ってきたりします。

なんらかの障害がある子どもたちには、うまくできないことが多々あるでしょう。そして、その障害を乗り越えながら、能力を獲得してもいるでしょう。しかし、このたいへんさがまわりにはわかりづらい場合があります。それは本人がそのたいへんさを表現しないからでもあるでしょう。

働くことと承認欲求の社会化

電鉄会社で清掃の仕事をしている青年がいます。真面目に働く彼ですが、ときどき奇声を上げることがあります。学校時代なら、がんばって作業をすれば「よくやったね」と、折々に認めてもらえました。しかし、仕事となれば「やってあたりまえ」となります。職場からすれば、「認める＝給与を払う」という図式です。ことばでの承認は、さほど重視されません。そこで、この図式がわかりづらい人には、まわりの人がその人の努力を認め、それを伝える必要があります。

職場で長く働き続ける人には、ある共通点があるようです。その一つは、「自分は上達している」という実感です。仕事に慣れ、また習熟していっているという感じです。もう一つは、「人の役に立っている」という思いです。誰かの役に立っているという思いがあると、やりがいが生まれます。職場でこそ「人の役に立っている」こと（＝やりがい）を言語として伝えてほしいと思います。職場でそれができない場合は、家族などが「役に立っている」「偉いね」など、本人に伝えたいものです。

子どもは、求められている行動ができたときにはほめられます。やってはいけないことは「ダメ」と評価されます。承認欲求は、子どもが社会化される際にとても重要な要素であることがわかります。

承認されないストレス

懸命に努力していることが評価されないと、おとなでもストレスを感じるものです。承認されないことは、精神的なダメージにもつながるとされます。

子どもがまわりから認められず、孤立していれば、精神的な状態は不安定になるでしょう。問題行動にもつながります。子どもにとって、身近な人たちから承認されることは、喜びとともに、精神的な安定をもたらします。精神的な安定は、さまざまなことを学ぶ力にもなります。

子どもがストレスを受けたとき、それにめげてしまうことがあります。たとえば、新しい課題などに積極的に向かうことができなくなったりします。ちょっとした失敗でも、気持ちがなえてしまいます。自分は「できない」と思い込んでしまいます。そうした自信がもてない状態の背景には、承認体験の不足があります。

承認されるようなことをしないから、という話も聞きます。求められるものが高すぎたり、同世代の集団と同じようにできることを求められて、ほめられる場面がないのかもしれません。しかし、その子の発達に合った課題や目標をみつけて、それを意識してかかわることで、認められる場面は必ず作ることができます。子どもとのかかわりに明確な目標があれば、努力の過程や到達したときに評価をすることができ、社会的承認を与えることができます。

承認とレジリエンス

子どもが「まわりから承認されている」という思いをもっていれば、ストレスに負けないような「立ち直る力」「回復する力」を身につけることにつながります。このような力を「レジリエンス」ともいいます。レジリエンスは、さまざまなストレスをはねかえす力でもあります。

子どもの未来には、当然ストレスが待ち受けています。それにめげずに、立ち向かえるようになるために、レジリエンスは必要不可欠です。子どもを育てていくとき、レジリエンスを獲得させることは、重要な目標となります。そして、レジリエンスを高める体験のひとつに、「社会的承認」があることはまちがいありません。

11 社会的承認を求めることば「見て、見て」

赤ちゃんは、一説には3000とも言われる言語のすべてを理解し、話せるように生まれてきます。そして、育つ過程で、自分のまわりで見聞きすることばを理解し、話せるようになります。

世界にはさまざまな文化、宗教、政治体制などがあります。赤ちゃんは、自分の所属する文化などに適応しなくてはいけません。そのために、所属する社会で望まれる言動を学習していきます。望まれる言動の学習を促すのが、社会的承認です。子どもは適応行動を学習する際に、社会的承認を求め、まわりに「見て、見て」とせがみます。

承認を求める子ども

保育園で出会った6歳の男の子。塗り絵をしていたので、それを見ていました。「(塗り絵の) 線を意識しはじめているな」と思っていました。その子は、オウム返しから成長し、ときどき単語を話すようになったと、先生から聞いていました。塗り絵をしながら、筆者のことをチラチラ見ていました。「人を意識しているな」、と思っていると、塗り終わった絵をぼくのところに持ってきました。そして、何も言わずに、ぼくの目の前に作品を突き出します。「見て、見て」なんだなと思い、「上手だね」とほめ、頭を撫でました。しかし、その子は、うれしそうな表情を浮かべることもなく、塗り絵を自分のかばんに入れました。

上手に塗れたことが、内心は誇らしいのだろうと感じました。しかし、彼は「見て、見て」とも言わず、ほめられてもうれしそうにしません。社会的な承認欲求はあるのです。でも、今の状態では、まわりは彼のその気持ちに気づきにくいと思いました。保育園の先生には、彼に「認められたい」という気持ちがあること、そして繰り返し承認してほしいと話しました。

認め合う関係と良いつながり

たとえば何かを作ったときなど、子どもたちは互いに「見て、見て」と言います。そして、「すごいね」と言って互いに認めあったりします。こういう仲間関係は、良いつながりです。

兄弟姉妹でも、たとえば妹が「お姉ちゃん、見て！」と話しかけます。認めてもらいたいからです。このようなことばは、仲の良さから生まれます。

親から相談を受けるときに、「お母さん、見て」とか、「お母さん、聞いて」と子どもがせがむかどうかを尋ねます。なぜなら、子どもに「見て」「聞いて」などの承認を求めることばがあれば、親子関係は良好だからです。「認め合う関係」ができていれば、反抗期でも大きな問題が起こることはないでしょう。

人と人の間で互いに認め合う関係は、良いつながりを生み出すとされています。また認め合うなかで、良い関係が強化されるとも考えられています。

承認欲求と社会的適応

子どもが、「見て、見て」と言い出すのは、おおむね2歳過ぎからです。紙に線を描いて「見て、見て」とおとなにせがみます。おとなはそれを見て、「すごいね」「よく描けたね」とほめます。社会的承認の重要性を、本能的に知っているからかもしれません。承認しなければ、子どもの意欲は育たず、成長を妨害するとも思います。

戒律の厳しい社会では、子どもはさまざまな決まりを学ばなければいけません。このとき、承認を求める気持ちが戒律の学習を進めていくのに役立ちます。このことは日本で育ち、日本の社会で生きていかなくてはいけない子どもも同じです。日本の社会で認められる言動を、学ばなくてはいけません。

冒頭に紹介した男の子。承認を求める気持ちはあるのですが、「見て、見て」と言わないので、まわりは彼の承認欲求になかなか気づくことができません。そして、承認される機会が少ないので、認められたときの喜びを表現できません。子どもの、認められたいという気持ちをすくい上げ、すかさず承認したいものです。

また、「見て、と言うんだよ」「聞いて、って言ってね」と話すことで、承認を求めることばを教えましょう。

互いに認めあい、承認しあう関係は、精神的な安定につながります。このことは子どもも同じです。子どもの気持ちが不安定なのは、承認不足が原因かもしれません。

神経的な疲労と眠り

鈴木大介さんは、発達障害のある青年や貧困女子のルポルタージュなどで著名な作家です。特異な才能を示す発達障害らしき青年たちが多数登場するマンガ「ギャングース」の原作者と紹介するほうがわかりやすい人もいるでしょう。

その鈴木さんが、ハードワークの影響もあるようですが、41歳で脳梗塞になり、「見えない障害」と言われる「高次脳機能障害」をもつようになりました。彼は、「自分の負った障害の不自由感やつらさや当事者感覚をできる限り言語化してみよう」と思い、それを本にまとめました。『脳が壊れた』（新潮選書、２０１６年）がそれです。

鈴木さんの本を読んで、わかったことがあります。これまで筆者は、知的障害や発達障害のある青年たちが働くようになると、家に帰って寝るようになる、という話を不思議に思っていました。それも、これまで昼寝などしたことがないという青年が、仕事から帰ったらひと眠りするというのです。身体的に疲れるほどの仕事ではなく、また職場の受け入れも良くて、精神的疲労も考えられない青年たちです。

その理由が、鈴木さんの本でわかりました。脳の働きが不完全になると、注意、集中、持続などに多大な努力が必要となります。それは「精神的疲労」や「肉体的疲労」とは別の「神経的疲労」であり、休養が必要となります。ひと眠りする青年たちは、精一杯脳を働かせた結果、疲れるのでしょう。

鈴木大介さんの『脳が壊れた』は、子どもや青年を理解する一助となる本です。

12 社会的承認を求めることば「聞いて、聞いて」

子どもは社会的承認欲求によって、その所属する社会で期待されるコミュニケーション能力や振る舞い方を学ぶことを、前項で紹介しました。社会的承認欲求は、合理的な学習法でもあります。子どもとのかかわりのなかで、承認欲求を重視する必要があります。

社会的承認欲求は、一般的には2歳前後から明確になりはじめます。つまずきのある子は、人に助けを求められないだけでなく、承認を求めることもできません。できないのは、障害の本体と深く関係しているからかもしれません。だからこそ、リハビリの意味でも繰り返しの承認が必要だと思います。

合理的な学習法

子どもが「見て、見て」とせがめば、「上手だね、それでいい」とか、「こうしたほうがもっといい」といった評価が返ってきます。評価を受けることで、自分のやったことが良いか、良くないかがわかります。社会的承認を受けるという方法は、子どもが住む社会で求められる言動を学習するのに合理的なやり方です。

では、社会的承認を求めない子は、どうやって適応行動を獲得していくのでしょうか。つまずきをもつ子どもは、その場で「見て、見て」と評価を求めません。やみくもに言ったり、やったりして、失敗しやすくなります。そのため、周囲からマイナスの評価を受けることになります。

もしも相手の求めていることが想像できれば、それに合わせた言動をとることでしょう。しかし、コミュニケーション能力が充分でなければ、まわりの求めていることがよくわかりません。求められていることがよくわからなければ、失敗やまちがいにつながる可能性があります。失敗やまちがいであれば、注意されたり怒られたりすることになります。それが重なれば、子どもはまわりの人間を「嫌な存在」「怖い相手」と思う可能性さえあります。

子どもたちとかかわる機関が増加しています。それらの機関では、個別またはグループ指導が行われています。子どもの様子を見ながら、望ましい行動をほめることを通して、子どもの社会的承認欲求を満たしていることでしょう。

そういうかかわり方を続けることで、子どもは承認欲求を高めるはずです。そうなれば、「認められたい」だから「求められている言動を考え、実行しよう」といった、良い循環が生まれるでしょう。

「聞いて、聞いて」という気持ち

長年の付き合いがある子どもや青年たちと、2～3か月に一度、会って話をします。会話のテーマは、最近の出来事、変わったこと、楽しかったことなどです。

そういうかかわりを続けているうちに、多くの子どもや青年が、話したいことをあらかじめ考えておき、それを話しているなと感じるようになりました。話したいことがあると、早口になったり、声が大きくなったりします。子どもや青年に、「聞いてほしい」という気持ちがあることが、よくわかりました。

今は、別れるときに必ず、「何か話したいことはない？　聞いてほしいことはありませんか？」と聞くようにしています。

子どもは、変わった出来事や話したいことがあれば、「聞いて、聞いて」とまわりの人にせがみます。そうやって、自分の感じたことを話します。ときには「その考えはまちがっているよ」と指摘されて、考えを修正するきっかけになったりします。「聞いて、聞いて」とせがみながら、人に話を聞いてもらうことは、適応的な考えを学習するのに必要なことです。

「聞いて、って言うんだよ」と言いながら、聞いてもらいたいという気持ちをことばにできるようにしたいものです。

文字化する青年たち

詩を作る青年と出会ったことはありませんが、小説を書く人とは複数、会ったことがあります。ある青年は、文学賞をめざしているわけではないでしょうが、投稿サイトに常に発表しており、一定の読者をもっています。友だちのいない彼は、ファンからの感想を楽しみにしています。ほかにも、ツイッターやSNSをやっている青年は数多くいます。

みんなに共通しているのは、会話しているときの表現力と文字化された内容とに大きな隔たりがあることです。言えることの貧しさと、豊かな発想が文字化された表現との間に、信じられないほどのギャップがあります。

そういう彼ら、彼女たちですが、「聞いて、聞いて、私の話」という気持ちは共通しています。その気持ちがあるから、小説などを書くのでしょう。

社会的承認欲求の強さ

先に紹介した鈴木大介さんの本『脳が壊れた』のなかに、脳梗塞の後、世界の感じ方がどう変わったかが表現されています。

脳梗塞後は、「相変わらずこの世に生きているという現実感がない『生温かい羊水の中に閉じ込められた』ような、雲の上を歩いている、ソリッド（堅古）な現実感を喪失した状態」だと、鈴木さんは表現しています。閉じ込められた感が強ければ、人とのかかわりを求めないかもしれません。

鈴木さんは、自分の感じ方や状態が、長年にわたってかかわり、ルポルタージュしてきた発達障害のある少年や青年に通じるのではないか、とも考えておられます。人に助けを求められないだけでなく、承認を求めることもできないのは、障害の本体と深く関係しているからかもしれません。

鈴木さんの本には、「自分の話を聞いてほしい」という思いが、どのページにもあふれています。「聞いて、聞いて」は、高次脳機能障害状態にある自分の今を認めてほしい、という思いにもつながっています。

承認されたいとの気持ちが、鈴木さんの奇跡の回復につながったと感じるのは、筆者だけでしょうか。

13 前向きな自分を表現することば「できるよ！」

自分ができることを、自信をもって「できるよ！」とアピールする子がいます。こういう子は、ものごとに積極的に取り組みます。「できるよ」とは言わないものの、熱心に取り組む子もいます。内気なタイプなのでしょう。

自分が「できるかどうか」を値踏みするときには、それまでの経験が影響を与えるでしょう。成功した体験が多ければ、自分は「できる」と思えるでしょう。ものごとに積極的に取り組むことができる子は、「自分はできる」と思える子でもあります。この「できる」という自信が、社会に出て行くときに必要になります。

「できるよ」と言える子、言えない子

子どもや青年のなかには、新しいものごとに対しても、「できるよ」と言って積極的に取り組む子がいます。一方で、新しいものごとには前向きに取り組もうとしない子がいます。

子どもによってこのような差が出てしまう理由を考えてきました。一つには、発達障害の有無に関係なく、もって生まれた気質があるようです。内気で、自分をまわりにアピールできない子。完全にできるようにならないと「できる」と言えない子。まわりの励ましがないと取り組めない子。……子どもによってそれぞれです。ただ、どの子もできるようになりたいと思っているし、その思いをくじかないようにする配慮も必要です。

「やりたい」という前向きな気持ち

「自分はできる」と思えれば、子どもはものご

とに前向きに取り組みます。少々の失敗にはめげないし、できるようになるために学びます。積極的になった子は、新しいものごとに「やりたい」という気持ちをもつようになります。それを口に出すこともあるでしょう。子どもができたときには、「できたね」と伝え、子どもにも「できるよ」と言わせます。そうやって、できる自分に気づかせていきます。自分から「やりたい」と言うときには、それを認め、できるようにやり方を教えます。

成功体験と社会的承認

ある青年は、自分ができること、得意なことは「調理」だと言います。彼のお母さんが、幼児期から料理を手伝わせてきた結果だと思います。中学生の頃には、一人でカレーライスが作れました。今も毎日、皿洗いをしています。彼は、調理ができるという思いから、食堂で働きたいと思っています。今は就活中ですが、あまり器用なほうではなく、イライラするのが欠点です。

彼の「調理はできる」という自信は、長い間の体験がベースにあることがわかります。作った料理を家族からほめられてきたことも影響していると思います。成功体験と、社会的に承認されてきたことが、調理の道を選ばせたのでしょう。調理、洗濯、掃除の仕事は、世の中になくてはならない仕事です。これらができれば、アルバイトも含めて仕事に就ける可能性がひろがります。

できることがわからなくても

高機能と診断されている別の青年の話です。筆者とは彼が4歳からの付き合いです。彼には、たびたびアルバイトをすすめてきましたが、面接で落ちたり、仕事がのみこめずに一日でクビになったりしたことがありました。そういうなかで、たまたま倉庫でのアルバイトが決まりました。

彼には、小学生高学年の頃からなりたい仕事がありました。まわりのおとなは、それは無理だと思っていました。無理と言われながら、彼の目標はずっと変わりませんでした。しかし、アルバイト体験のあとには、自分ができることがわかってきました。それは、運搬、整理など、実際に体験したことでした。

彼のように、自分ができることがわからない青年がほとんどです。そのため、何を仕事にすればいいのかがわかりません。小さい頃から社会にある仕事への関心が薄く、よく知らないということも関係しています。まずは、さまざまな仕事についての知識を教える必要があります。

特別支援教育への期待

特別支援学校における不登校の比率は通常学校よりも高く、ＡＤＨＤや社会性などに問題を抱える子どもでは、さらに高いという調査があります。

特別支援教育は、一人ひとりの子どもに合わせた教育とされます。ことばを変えれば、子どもに自分ができることを発見させ、それを伸ばす教育とも言えます。子どもの背丈に合わせた教育が受けられないことは、子どもの将来にとってマイナスになるでしょう。

教育のなかでできることを子どもに探させ、「自分はできる」と思えるようにしたいものです。それが将来の社会参加に役立つはずです。

根拠のない（？）自信

青春の真っただ中にいる若者たち、学生たちと話す機会があります。彼らから、自己卑下や自信喪失といった話を聞くこともあります。それぞれ心にはさまざまな葛藤を抱えているでしょう。

一方で、同じ若者が将来の話をするときに、きわめて楽観的な見方をしていることに驚くことがあります。何を根拠として、自分に過大な自信をもっているのかはよくわかりません。ただ、過大とも言える自信をもつことで、壁を乗り越えていく学生がいるのは確かです。学生時代には思いもよらなかった自信に満ちたおとなになることもあります。そういう姿を見ていると、根拠のない自信が若者を社会に押し出すことを感じます。そんなふうにして、次の時代を作り出していくのでしょう。

発達障害のある青年も同じです。客観的ではなく、主観的に「できる」と思っていることがあれば、道が開けていくように感じています。逆に、何もできない、やれるものがないと思っていると、挑戦する気持ちは生まれてきません。この気持ちは、青年期になって急に生まれるものではなさそうです。

子どもの頃から、「できるよ」と思い、「やりたい！」と言える子に育てたいと思います。

⑭ 不安だから必要な、理由を問うことば「なぜ、どうして?」
⑮ 判断基準と理由づけのことば「なぜ、どうして?」
⑯ 自己主張と理由づけのことば「なぜ、どうして?」
⑰ 報告・伝達することば――叙述と表現力を高める
⑱ 報告・伝達することば――要求や希望を伝える
⑲ 報告・伝達することば――自分の今と夢を伝える

14 不安だから必要な、ことば「なぜ、どうして?」理由を問う

「なんで?」「どうして?」と、理由を聞かない、理由を言えない子どもは多数います。一般的な言語発達では、子どもは3歳前後から「なんで?」とまわりに質問します。理由を聞き学ぶことで、なぜそれをしなくてはいけないのかを理解します。理由を学んでいなければ、どうしてそれをしなくてはいけないのかがわかりません。

子どもは成長するに連れ、人から指示されることを嫌がるようになります。おとなの指示に納得できる理由があれば、それに従いますが、理由そのものが理解できないままだと、指示に従わない姿も見せるようになります。

物理的環境の変化が不安

自閉的な子どもも含めて、進級して教室が変わると、はじめはそれに慣れない子がいます。新しい教室に入れようとすると、泣いたり騒いだりすることもあります。

新しい環境が苦手な子がいます。だから、新しい教室に慣れない子もいることでしょう。慣れない子でも、「お兄さん、お姉さんになったから」とか、「○年生になったから」という理由を言われることで、自分を納得させるのでしょう。一方で、教室変更の理由が理解できない子は、不安な気持ちでいっぱいになるのかもしれません。

知的障害・発達障害のある子どものなかには、はじめの頃は教室が変わるといった物理的変化に弱い姿を見せる子がいます。そのために、引っ越しができないと話す保護者の方がいます。ところが、年齢が上がるにつれて、物理的な環境変化に耐えられるようになります。おおむね小学校の高

学年から中学生あたりでしょうか。環境変化に耐えられるようになれば、引っ越しもできます。

人的環境の変化に敏感になる

教室や家といった物理的な環境変化に耐えられるようになっても、ほかの変化に敏感になってくる場合があります。ほかの変化とは、自分のまわりにいる人がいなくなる、新しい人に替わる、といった人的環境の変化です。

20代半ばの自閉的なAさんの話です。仕事先の同僚が突然退職しました。その同僚は、口うるさくてまわりから煙たがられていたそうで、Aさんも静かになって良かっただろうとまわりは考えていました。ところがAさんは、数日たつとイライラする姿を見せるようになりました。

ほかに変化は見当たらず、イライラの原因が同僚の退職にあるのではないかと、就労支援担当の職員は考えました。

「好きなことが見つかったので仕事を辞めます」「体が続かないので仕事を変わります」など、人が退職するには何らかの理由があります。ところが、Aさんが感じるのは「人がいなくなった」という事実のみです。まわりからは口うるさいと見られていた同僚も、Aさんにとってはいろいろ教えてくれる親切な人だった可能性もあります。

不安だからこそ必要な説明

就労支援の職員はAさんに、同僚が辞めたことを、具体的にイメージできるように説明しました。過去にも退職した職員はいました。そのときのことも話し、不安になるようなことは起こらないことも伝えました。そのことが功を奏したのでしょう、Aさんはイライラする姿を見せなくなったとのことでした。

「中1ギャップ」ということばがあります。小学校から中学校にうつるときに、物理的・人的・教育的環境の変化についていけず、なかには心身症になる生徒もいます。こういった変化への不安は、障害の有無に関係なく、誰もがあり得ることだと思います。とくに障害がある場合には、理由がわからないために、本人は変化に納得できず、了解できない可能性があります。

専門家のなかにも、知的障害・発達障害のある人のことを「鈍感」だと言う人がいます。人はそれぞれなので、敏感ではなくおおらかな受け止め方をする人もいます。しかし、なかには、とてもセンシティブな人たちがいます。そういう人たちこそが、彼らがものごとをどう感じ、受け止めているかを、私たちに教えてくれるのです。

ものごとには理由がある

青年になったBさんは、子どもの頃、ものすごく歯磨きが嫌だったと話します。彼は、突然寝かされて、歯ブラシを口の中に入れられることに、強く抵抗したそうです。

口の中は、感覚が敏感なゾーンです。お尻や太ももの千倍以上も敏感とされます。だから、食べ物のなかに異物があると、口腔内で変だと感じ、体の中に取り込まないですみます。お腹の中の胎児も、指しゃぶりをすることが知られています。指しゃぶりは、離乳食のときのために、口の中の過敏性をとるためとも考えられています。

テレビ番組「おかあさんといっしょ」の「はみがきじょうずかな」というコーナーを子どもに見せていた方も多いでしょう。子どもはテレビを見ることで、口の中に歯ブラシという異物が入ることへの心理的抵抗を減らしたことでしょう。

さてBさんです。彼は「なんで?」「どうして?」と、母親に質問できませんでした。このために、歯磨きをする意味、理由がわかりません。理解できないBさんにとっては、いきなり異物の歯ブラシを口の中に入れられるのですから、抵抗せざるを得なかったとも言えます。

ただ、「なんで?」「どうして?」と聞かないからといって、理由が理解できないわけではありません。言語能力が高まるにつれ、理由表現がわかるようになってきます。理由がわかりにくいという点を抑えて、まわりはわかるような表現で説明する必要があります。

教えたい「なんで?」「どうして?」の質問法

子どもの状態にあわせて、幼児期から「どうして〜が欲しいの?」「どうして〜するのかな?」という質問をします。わからないときには、「〜が好きだから、〜が嫌いだから、どっちかな」と、二者択一で答えさせます。答えられないときには、「好きだから、だよね」と正しい答えを教えます。

また「なんで?」「どうして?」という質問法を教え、人に尋ねさせます。理由表現の大切さ、教え方については、次項につづきます。

15 判断基準と理由づけのことば「なぜ、どうして？」

人がなにかを判断するときには、それなりの理由があります。その理由が表現できると共感も生まれ、ほかの人に自分のことを理解してもらいやすくなります。

たとえば、外食で食事を注文するとき、「おいしそうだから」と選んだりします。女の子が洋服を選んだとき、「かわいいから」と話したりします。ほかの服は、彼女にとって「かわいくないから」選ばれなかったとも言えるでしょう。

理由がわかると、身のまわりの出来事などで混乱することも減ります。

直観的な判断にもある基準

選挙年齢が引き下げられ、18歳から投票できるようになりました。特別支援学校の高等部では、選挙や投票の大切さを教える「主権者教育」がスタートしました。

子どもが投票に行ったというお母さんから、「候補者の政策など、難しいことはわからないから、写真の見た目で決めたと思います」という話を聞きました。人間が判断するとき、見た目で決めることはあります。ただ、その見た目ですが、たとえば「優しそう」「まじめに見える」などの印象があることでしょう。その印象が、誰に投票するかを決めさせます。選ばれなかった候補者は、「優しそうでなく」「まじめに見えなかった」のかもしれません。

判断と「対概念」

兄弟姉妹で複数のおせんべいのなかから1枚を選ぶときには、「こっちが大きいから」とか「これがおいしそうだから」と考えて選びます。何かを、どちらかに決めるときには、子どもなりの判断基準があるはずです。

人間の思考の特徴として、「対概念」で物事をとらえることがあげられます。対概念とは、反対ことばのことです。

知能検査や発達検査などでは、

（2歳代）○大きい――小さい
（3歳代）○同じ――ちがう
　　　　○暑い――寒い
　　　　○あまい――からい
（4歳代）○はやい――おそい
　　　　○あかるい――くらい
（5歳代）○右――左

などのように、反対ことばの獲得が始まると考えられています。

このほかにも、幼児期では、

○高い――低い
○長い――短い
○あがる――さがる
○多い――少ない

などの反対ことばを学んでいきます。

反対語の語彙は10年近くかけて増えていきます。

対概念と判断基準

「対概念」をベースに、子どもは以下のように理由づけをします。

◎ちがうから、これはいらない
◎暑いからプールに行きたい
◎甘いからおいしい
◎新幹線は早いから好き
◎暗いから怖い
◎低いから登れるよ
◎長いから、こっちのひもがいい
◎多いから、みんなでわけよう

理由を言えない子どもは、こういった表現を聞かされてこなかった可能性があります。さらには、理由をつけた表現を、まわりから求められてこなかったのではないかとも思います。

こういう子たちには、「どうしてこっちかな？」と質問します。「おいしいから？　まずいから？」と聞き、答えを求めます。そして「そうだね、おいしいから、（こっちを）選んだんだよね」と表現の仕方を教えます。

感じを共有することで生まれる親密感

「あんまり甘すぎないから、おいしいね」という話を聞きます。この「甘すぎないから」という感じを共有できれば、話している相手と共感が生まれます。

「きょうはいい天気だから、気持ちいいね」という表現も同じです。「いい天気だから」が共有できれば、気持ちの良さも増すことでしょう。

残念ながら、「甘すぎないから」とか「いい天気だから」といった表現を、子どもから言い出すことはありません。青年になっても、こういった「雑談風の会話」はなかなか聞くことができません。

ただ、「すごーく甘くはないよね?」と話をして「甘すぎないよね。おいしいと思わない?」と子どもに聞けば、「おいしい」という答えが返ってきたりします。「いい天気だよね」「気持ちいいよね、どう思う?」と青年に質問すれば、同意が返ってきたりもします。

同じ感じを共有できると、共感ばかりではなく、親密感も生まれます。

「かわいいから」という理由づけ

日本人女子に特有の感じなのかもしれません。日本の女の子にとって「かわいい」は、絶対的な判断基準のようです。

たとえば2歳の子に、「象さんはかわいい?」聞きます。すると「かわいい」という答えが返ってきたりします。3歳になれば、靴下選びなどでも「かわいいから」と話したりします。おもしろいことに、6歳の子どもに「象さんはかわいいですか?」と聞くと「かわいくない」と答えます。理由は「大きいから」が多いようです。女の子にとって「かわいい」とは、小さくて愛らしいなど、養育本能とも関係するような独特の特性があるようです(筆者は男性で、この特性はよくわかりません)が)。

自閉症であっても、「かわいい」がわかる女の子は、友だちができる可能性があります。洋服などを選ぶときに、「かわいい」かどうかといった話ができるからです。

16 自己主張と理由づけのことば「なぜ、どうして?」

理由が言えないと、「どうして〜したのか」と聞かれても、答えられません。理由がわからないと、子どもの本心がつかめません。一般的な発達では、子どもは「だってもしろいから、〜に行きたい」と表現するようになっていきます。理由を付けて主張を始めるのです。

ある子どもが、理由を言わないで「〜しよう!」と提案しても、理由がわからないほかの子たちは「命令された」と感じて、提案に従いません。提案の表現に問題があるのですが、当の本人にそのことはわからず、「みんな、ぼくの話を聞かない」と、怒ったりします。理由を言えるようにすることは、誤った考えを修正できる力にもつながるように思います。

子どもの本心を知りたい

子どもが何かを言い、行動するとき、何も考えずにしているとは思えません。年齢よりも幼かったとしても、何らかの理由や判断材料があるはずで、子どもなりの本心を知りたいとも思います。

しかし、理由を話さなかったり、表現が十分でなかったりするので、本心がよくわかりません。

そのためにまわりは、「おいしそうだから選んだんだよね」「こういう色が好きなんだね」「これがやりたかったんだね」などと、類推して理解しようとします。本人が説明できない部分を補うという意味では、あたたかい配慮とも言えます。ただし、類推は類推でしかなく、本心とは言いきれないこともあります。自分の思っているのと違うことを言わされたり、強要され続けると、それはストレスになることもあるでしょう。

理由の学習

子どもどうしであそぶときなど、「○○だから、〜しよう」と提案するようになります。ところが、理由がわかっていない子どもは、理由抜きに「〜しよう！」と、相手の子どもに命令と取られかねない言い方をしてしまいます。

子どもは成長するにつれて、自分で判断し、行動しようという気持ちが強まります。成長とともに、おとなや友だちから命令されるのを嫌がるようになります。

命令ばかりする子は、トラブルが起こりやすくなります。一般的には、5、6歳になるとこのような傾向がはっきりします。子どもどうし仲が悪い、トラブルが絶えない原因に、理由表現の不足があります。

理由を教える際に、現実の場面で教えるのが有効です。ただ、現実の場面は限られていて、機会も少ないので、ドリルで学ばせるのも効率的です。なお、理由が理解できていない場合は、理由文が含まれているものからスタートします。たとえばこんな問題です。

①理由が文章に含まれているもの

○おいしそうだから、アイスを買いました。どうして買いましたか？
○寒いからコートを着ました。どうしてコートを着ましたか？
○暗いから怖いです。どうして怖いのですか？

②理由を推測する（理由が出てこないときは二択などで選ばせます）

○しょうくんは、ハンバーグを頼みました。どうしてでしょうか？（おいしそうだから、茶色だから、どっちですか？）
○りなさんは、ピンクの靴下を選びました。どうしてでしょうか？（かわいいから、長いから、どっちですか？）
○お父さんは釣りが好きです。どうしてでしょうか？（車に乗れるから、楽しいから、どっちですか？）

③一般的常識（知識）と理由（理由が出てこないときは二択などで選ばせます）

○くつに名前を書きました。なぜですか？
○歯磨きをします。なぜですか？
○野菜を食べます。どうしてですか？

このほかに、子どもに問題行動がある場合があります。理由も含めてしっかりと理解させるために、文章題は有効です。たとえば、

〇どうして廊下を走ってはいけないのか
〇どうして友だちを叩いてはいけないのか
〇どうしてうそをついてはいけないのか

などがあります。

いけないことをしたときに、その場その場で注意するだけではなく、文章題を使い、知識として、約束として理解させます。

理由と自己主張

理由がその子なりの判断材料となり、言動を左右します。しかし一方で、誤った理由づけのために、人の話が聞けないこともあります。

ある中学生は、「働かない人間はくずだ」と話します。この見方は極端な内容ですが、彼は一度思い込むと、考えをなかなか変えられません。さまざまな理由をあげて、「働けない人もいる」ことを理解させていきました。その結果、極論を言わなくなりました。

また、ある子は、「〇〇くんは大嫌い」と話し、学校でのトラブルが絶えませんでした。本人は嫌いな理由を言いますが、〇〇くんにはあてはまらないもので、自分で勝手に思いこんでいるだけです。心理学では、このような考えを「誤った信念」と言います。

この誤信念は、なぜ発生しやすいのか。これは仮説ですが、子どもの一般的な言語発達では、「だって」とか「だから」を使いながら、自己主張するようになります。たとえば、「お風呂に入りなさい」と言われた子どもが、「だって、あそんでるから（入れない）」と言い出すのは4、5歳です。

その主張の理由がおかしいと、まわりのおとなや子どもから反論され、自分の考えへの自信が揺らぎます。そうして自分の信念を修正していきます。こういうことを繰り返すうちに、自分の考えを変えられるようになっていくのでしょう。

柔軟な考え方ができないのは理由を学ばず、また、幅広い見方に触れることが少ないためかもしれません。そして、誤信念をもつようになるのではないでしょうか。理由を学ばせることは、誤った考えを修正できる力につながるように思います。

17 報告・伝達することば――叙述と表現力を高める

人とかかわるときに、何が起こったかなど、ものごとや出来事を伝えることが大切です。伝えることで、相手との間に共感や相互理解が生まれます。コミュニケーションがうまくいかない子どもは、表現力にさまざまな問題をもっています。その背景には、脳の働きの問題があるでしょう。とは言え、子どもは成熟の過程にあります。教えられたことを学んでいく力もあります。

おとなになって、働くようになると、さまざまな報告をはじめ、出来事を表現する力が求められます。子どもの頃から、相手に伝える習慣をつけていきましょう。

共感を求める子ども・興味の共有

人は、自分のまわりで起こっていることを、他の人に伝えようとします。子どもも同じです。

(子ども) 電車きたね
(子ども) 大きいね、風船
(子ども) おいしいね、みかん

といった具合に表現するようになります。子どものこうした話をスタート地点として、

(大人) 電車、はやいね
(大人) 赤い風船だね
(大人) もう一つ、みかんたべる?

と、話が展開していきます。子どもが話すことを聞きながら、「きたね」「大きいね」「おいしいね」と、共感が生まれます。

子どもの話の内容で、何に興味をもっているかもわかります。興味の対象がわかることで、話のテーマを見つけやすくなります。それを話すことで、子どもとの会話も広がります。興味を共有す

ることで、相互理解は進み、共感も深まることでしょう。

表現するのが苦手な子

一方、コミュニケーションに問題をもつ子は、身のまわりで起こっていることを表現することが、あまり多くありません。促されて、たとえば、

○電車きた
○風船ある
○みかんおいしい

などと表現することはあっても、本当に表現したいのかどうかが、よくわからなかったりします。

ボキャブラリー、文を構成する力など、表現能力に弱さがあるために表現できない面もあるでしょう。なかには、表現するのが苦手だなと思わせる子どもがいます。

認知症のお年寄りのなかに、ことばを思い起こすのが苦手だという人がいます。これを「喚語困難」とか「喚語障害」と呼びます。これに似た問題をもつ子もいます。喚語と表現能力に障害がある可能性もあります。

また、何をどう表現していいかがわかっていない子もいます。コミュニケーションの経験が不足しているためだと言えます。何に着目し、それをどう表現するかを学んでいない「未熟な」タイプです。

おとなになって仕事につくと、職場では必要なことを報告することが求められます。それは、練習するうちに報告できるようになってきます。やろうと考えてできることは、必ずしも障害とは言えません。「報告しない」「説明しない」という習慣が、知らず知らずに身についているのかもしれません。

叙述する練習、表現する練習

表現の練習は、難しい内容からではなく、子どもが体験したことなどからスタートします。

【起こったこと、あったこと】

まず、答えを含めた文を提示し、質問します。そして、以下のように質問します。**太字**が質問のサンプルです。子どもに答えさせることで、表現力を伸ばします。

Q電車きたね、**何がきた？**
Q電車きたね、**電車どうした？**

Q大きいね、風船、**何が大きい？**

Q風船ね、**大きい？　小さい？（二択形式）**

Qもう一つ、みかん食べる？　**何を食べたい？**

Qみかん食べたいね、**一つ食べたい？**

【知っていること、知りえたこと】

たとえば、身近なスーパーなどの話をします。そして質問します。答えを入れた文を聞かせて質問します。自分で答えが言えるようになったら、答えの入った文章は省略します。

Qスーパーできゅうりを売っています。**何を売っている？**

Qスーパーでお米を売っています。**お米を売っていますか？**

Qスーパーに買い物に行きました。**どこに行きましたか？　どこで買い物をしましたか？**

（質問の内容は子どもの表現能力に合わせて変えます）

Qスーパーの一階にお菓子売り場があります。**お菓子売り場は何階ですか。一階には何を売っていますか？**

【これからすること、予定の内容】

これからの予定を表現させます。これも、決まっていることを示してから表現させます。自分で答えられるようなら、答えの文章は省きます。

Q明日はお休みです。買い物に行きます。**明日はお休みですか？　明日は何をしますか？**

Q今日はスイミングに行きます。**今日はどこに行きますか？　行って何をしますか？**

Q夕方、歯医者さんに行きます。**夕方どこに行きますか？　何をしますか？**

Q3時間目は、運動の時間です。**3時間目には何をしますか。運動では何をしますか？**

このようにコミュニケーションを取りながら、子どもに何を言えばいいのか、どう表現すれば伝わるかを教えていきます。

18 報告・伝達することば ——要求や希望を伝える

子どもには子どもなりの、自分の欲しいもの、やりたいことがあります。しかし、自分の要求を適切に表現できる子は少ないようです。その要因として、まわりの人が子どもの欲しいものについて、あまり質問をしないからではないか、と思っています。そのため要求表現を学ぶ機会が少なくなります。

要求表現にはいろいろな内容があります。ここでは、ことばの成長に合わせて理解されるようになる質問文を紹介します。子どもの答えから思わぬ本音を聞けたりして、子ども理解に役立ちます。

どっちがいい？

二つのものから選ばせる質問文です。言える子にはことばで、うまく表現できない子には指さしや、手に取るなどの動作で選ばせます。大切なのは、「自分で選ぼう」という意思と自己判断です。2歳前後の言語理解になれば、選ぶことができるようになるでしょう。

「欲しいものはなに？」という問いかけ

「お誕生日に、欲しいものはなに？」と聞きます。頭に浮かばないようならば、「Aがいいかな？Bがいいかな？」と具体的な名称をあげて選ばせます。

いま、ファストフードやファミリーレストランでは、ほとんどの店のメニューが絵や写真で示されています。それを見ることで、自分で選ぶことができるようになりました。

前にも書きましたが、40年ほど前のこと、知的障害のある人がお寿司屋さんに行くことはほとんどなかったと思います。何をどう頼んでいいのかわからなかったからです。ところが回転寿司ができてからは、実物を目で見て選べるようになりました。

また、青年たちだけでカラオケ店に行くことも、今ではあたりまえの風景となりました。カラオケ機器の操作など、すべて絵や写真で説明されているからです。

社会の環境が変わり、特に絵や写真での説明などが増えて、本人が生きていくのが楽になりました。娯楽の範囲も広がりました。

欲しいものが思い浮かばないようなとき、「おもちゃがいい?」と聞くのはどうでしょうか。このときおさえておきたいのは、「おもちゃ」は抽象語だということです。ミニカーやキャラクター人形は実在しますが、「おもちゃ」は存在しません。たとえば「乗り物」「食べ物」などといったものと区別するための分類語(抽象語)だからです。抽象語は絵や写真にできないことばでもあります。抽象語は言語理解力ではおおむね3歳レベルとなります。子どもに「好きな食べ物はなに?」と聞いたとき、「ハンバーグ」と答えたら、抽象語の理解ができていると考えられます。

やりたいことはなに?

自分がこれからしたいことを、頭のなかでイメージさせ、ことばで表現させましょう。イメージがわきにくい子には、絵や写真、スマホの動画などを使って、そこから選べるようにすることもできます。

どんな運動をやりたいかを聞くときには、ジェスチャーを使ってイメージしやすくします。たとえば、「走る」「跳ぶ」「投げる」などの動作を見せて、やりたいことを表現させます。5歳前後の言語理解力になると、動作で表現できるようになるでしょう。

やりたいことを聞かれ、やりたいことを実際にやることで、子どもの集中力や持続力が高まるように感じます。表現することが意欲につながるように思います。

なお、「いや」「やめて」と言えない子がいます。何かの課題をやっているときに、内心では「いや」と思っていることがあります。それでも課題を続けていると、イライラがつのり、ついには奇声や乱暴などのパニック状態になったりします。その子が「いや」「やめて」と言えないことを理解し、イライラしてきたらインターバルを置くこと、気分転換を図ることも必要です。

行きたいところはどこ？

子どもに「行きたいところ」を聞くと、最初は「○○公園」とか「～ショッピングセンター」など、自分が行ったことのある場所を言います。距離的にも近いところです。

子どもが成長してくると、遠くにあるテーマパークや外国の名前を言うようになります。6歳前後の言語理解力になると、遠くの場所をイメージできるようになってくるからです。

こういう答えをするようになった子どもは、好奇心が強くなり、学ぶ力もついてきます。活動範囲も広がり、何かをやりとげる力も伸びていくでしょう。

大きくなったら何になりたい？

「大きくなったら何になりたい？」という質問に答えられるようになるには、三つの力が必要のようです。

①自分は必ず大きくなるという確信（子どもからおとなになっていくことの理解）
②今はできないけれども、必ずできるようになるという思い
③さまざまな仕事への知識と理解

この三つの力が備わってくると、「大きくなったら何になりたい？」という質問に、「電車の運転手さん」「お店の人」などと答えるようになります。三つが揃わないと、「ウルトラマン」とか「プリキュア」といった非現実的な答えになります。

おもしろいことに、「運転手さん」と答えるようになった子は、けっして「ウルトラマン」には戻りません。現実とファンタジーの違いがわかったからでしょう。おおむね6歳頃の言語理解力となります。

これまでにたくさんの子どもたちや青年たちと話してきましたが、夢を実現した子も少なくありません。目標があると、そのために学ぶことが自然にできるようになってきます。成長した姿を見ていると、夢をもつことの大切さを感じます。

19 報告・伝達することば——自分の今と夢を伝える

自分のことを知る、それは大切なことです。一般的には、自分の上手なこと、苦手なことを意識するようになるのは、理解年齢が4、5歳になってからとされます。ほかの子どもと自分とを比較する力が伸びることが影響しています。ただ、障害のある子どもは、自分と同じような能力の子どもたちと出会ったり、集団を作る機会が少なく、極端な場合は機会がない子もいます。

ここでは、自分のことを知るために有効な質問文を紹介します。ある理解年齢になれば、どれも答えられる問いでしょう。

自分に目を向けてくれる人なら

Aくんが、特別支援学校の高等部だったころ、ボランティアの女子大生と話したがって困ると、お母さんは嘆いていました。

もちろん異性へのあこがれもあるでしょう。Aくんに、何を話しているのかと聞くと、「好きな音楽とか、好きなものとか」と答えました。相手のことを知りたいと思ってのことでしょう。それに対して「Aくんの好きな音楽のこととかも聞いてくれる？」と尋ねると、うれしそうにうなずきました。そんなAくんの笑顔を見ながら、彼も自分のことを相手にわかってもらいたいと考えていることがわかりました。

障害のある子を対象とする保育園での巡回相談に、筆者は30数年間携わっています。その子の行動や話すことばを知ろうと注視をつづける筆者の視線を感じる子もいます。なかには、筆者にまとわりつくようになる子もいます。まったく話せない子でも、視線を感じて、自分で書いた絵や作ったものを見せに来たりします。子どもは、人から見つめられることが好きなんだなと思います。見つめる人は、自分とかかわろうとしているとも感じるのでしょう。

上手なこと・得意なこと

自分の上手なこと・得意なことを聞きます。

――「上手なことは何ですか?」

上手の意味がわからないときには、「得意なことは?」「できることは?」と言い換えます。こういう漠然とした質問には答えられないというときは、「○○は上手? △△が上手?」と、択一式で聞くようにします。「○○が上手」と答えられる子には、「すごーく上手なの? ちょっぴり上手なのかな?」という具合に、上手の程度を聞いてみます。

学校では、クラスのなかで「何番目に上手?」と聞いてみます。順番がわかっている子は、「一番上手」と答えたりします。そのとき、「そんなことはないでしょう!?」と否定しないことです。「一番上手」と答える子は、全能感の時代にいるからかも知れないからです。

全能感は5歳前後から数年間続くとされます。全能感があるから、子どもは自転車、縄跳び、鉄棒のほか、読み書き、算数などにめげずに取り組めるとも考えられています。

「何が上手か」については、グループで出し合うようにすると、ほかの子のことを知る良い機会ともなります。上手なことが言えた子には、「すごいね」「うまいよね」などのことばを言うように促します。認められた子は、きっとうれしくなり、仲間関係が深まるはずです。

苦手なこと

また、「苦手なことは何?」と聞くと、「ない!」と即答する子がいます。全能感が高まっているのかもしれません。

「苦手なことは?」の質問に、「トマト」「きゅうり」など食べ物の名前を答える子がいます。次に、「なわとび」といった苦手なスポーツが出てきます。もっと理解が進むと、「話すのが苦手」などと答えるようになります。こういう段階になると、コミュニケーション訓練への意欲が見られるようになります。

ただ、一度「苦手なこと」を話してしまうと、そう思い込む子がいます。そうならないように、「できるようになる」と話しながら、それは克服可能であることを伝えておきましょう。

このように、子どもとの会話でまちがった思い込みを生じさせてしまうことがあります。表現したことを否定し、消去しておく必要があります。おとなは自分に対して否定的な内容を表現しても、それを取り消すような考え方も生まれます。そうやって、心のバランスを取るのでしょうが、言語能力の低い子どもはまちがった認識をしてしまう可能性があります。

子どもに自分自身のことを知ってもらいたいものの、用心したい点です。

上手になりたいこと・憧れること

今はできないけれども、これから自分ができるようになりたいことを聞きます。

――「何が上手になりたい?」

これには「鉄棒」とか「サッカー」という答えが返ってきます。おとなと子どもの間ではあたりまえの会話です。ところが、子どものことばに問題があると、こういう質問が不足がちになるのではないでしょうか。

何かを上手になりたい、実現させたいという思いは、「夢」といってもいいでしょう。「夢をもつこと」は、障害のあるなしに関係なく必要なことです。

子どもは4、5歳から、ほのかな憧れをお兄ちゃん・お姉ちゃんにもつようになります。憧れの気持ちは、お兄ちゃん・お姉ちゃんを見つめる真剣なまなざしを見ればわかります。幼稚園や保育園では、年長さんの姿を見せながら、小さい子たちに「あんなふうになりたいな」という憧れをもたせたりします。また、「年長さんになったらできるようになるよ」とささやいたりもします。

こういう憧れへの働きかけは、特別支援教育でも行われていることでしょう。実際に中学生になると、先輩・後輩意識をもつ子も出てきます。「○○先輩のようになりたい」「□□先輩はカッコいい」というような、憧れのことばが聞かれたりします。

それが原動力になり、子どもを成長させてもいきます。

20 「不快」な感じをまわりに伝えるには

21 感覚過敏と「不快」な感じ

22 感覚過敏のつらさを克服するには

23 泣き叫ぶ子どもたちの背景・理由

20 「不快」な感じをまわりに伝えるには

子どもが「ねむい」と言えば、おとなは眠るよう、子どもにすすめます。「おなかがすいた」「暑い」「疲れた」なども同じです。おとなは、子どもの状態をはかりながら、満足できるように配慮します。

ところが、発達につまずきをもつ子どもは、自分の体の状態をまわりに訴えるのが苦手です。不快な状態に耐えていても、それがある段階になると急にパニックになったりします。自分の体の状態を表現できれば、パニックを防ぐことができます。不快な感じにはレベルがあります。理解の段階が進めば、レベルをつけて不快な状態を表現できるようにもなります。

「眠い」という子がぐずる意味

幼い子どもは、よくぐずります。保育園では、とくに午前中に不機嫌になる子がいます。反抗的になったり、ぐずったりして、先生をてこずらせます。生活習慣を聞いてみると、睡眠パターンが安定していないことがあります。なかには真夜中の1時前後に寝ている子もいます。それなのに朝早く起こされ、保育園に連れてこられれば、睡眠不足が原因で不機嫌になるのもあたりまえです。睡眠が足りていないと、子どもは自分をコントロールできなくなりがちです。

子どもは、自分の不快を自分で解決できません。「おなかがすいた」ときも、自分では食べ物を入手できません。そこでおとなに「おなかがすいた」と訴えます。そのことばを聞いて、おとなは食事を用意します。そのように不快を取り除いてもらうことで、おとなと子どもの関係は良好なものになるはずです。不快を訴えられず、誰にも助けてもらえない状態では、まわりのおとなとの安定した良好な関係を築くことができない可能性があります。

身体の「不快」を表すことば

ことばにつまずきをもつ子どもは、自分の身体の状態を訴えることが苦手です。「眠い」だけではありません。「おなかがすいた」「のどがかわいた」「暑い」「寒い」「疲れた」といった、普通に聞かれる「不快」を表わすことばが使えなかったりします。

自分の体の状態を認識しにくいのかもしれません。つまり「体センサー」が上手く働きません。あるいは、体の不快な状態を表すことばを教わったり、学んだりしてこなかったことが原因かもしれません。

自閉的な青年が、作業中に突然パニックを起こすことがあります。前後に特別の理由が見当たらないなら、体の不調が原因かもしれません。「疲れた」「休みたい」、さらには「飽きた」といった気持ちから起こったのかもしれません。そこで、「疲れました」ということばを教え、しゃべれない人には職員の肩を叩いて伝えるよう促します。こうやって、まわりが青年の体の不調などを検知しやすくします。

わかりづらい、からだの状態

ずいぶん昔のことですが、子どもたちとよく山登りをしていました。あるダウン症の子が、いやいやをして座り込み、歩こうとしません。この子は、指導中にもよく座り込むことがあったので、「わがまま」と感じていました。そんなとき、ある女性職員が体に触れて「あつい？」と話し、木陰に連れて行って休ませることにしました。ダウン症の子は新陳代謝が悪い、ということは知っていました。汗をかかないので、熱が体にこもりやすくなり、体温が急上昇して歩けなくなったのでしょう。知識としての「新陳代謝が悪い」が、実際の姿と結びついていませんでした。その後は、体温を測りながら山登りをするようにしました。体温が上がれば休んだり、保冷剤を当てたりしました。

「のどがかわいたらどうする？」という質問に、「水を飲む」と答えられるのは3歳代とされています。「のどがかわく」という状態に気づき、その解決策を取れるようになります。

一方、自分の体の状態を表現できないと、まわりは子どもを観察して状態を推測するしかありません。しかし、推測はあくまで推測であり、本当はどうなのかはよくわかりません。子どもに自分の身体の状態を表現するよう促し教えてきたのは、類推が当たらず、さまざまな失敗があったからでもあります。

不快な状態のレベルを知る

子どもは自分の不快な状態を、赤ちゃん時代の「泣く」ではなく、「ことば」で表現するようになります。まわりのおとなも子どもの状態を「ことば」で理解し、解決できるよう対応します。

4歳くらいになると、不快さのレベルを話すようになります。たとえば「カレー」を食べながら「ちょっと辛い」と表現したりします。「ちょっと辛い」レベルだから食べられる、という気持ちが生まれてきます。この思考法が出てくると、「○か×か」という二分法ではなくなります。

レベルを表す「ちょっと疲れた」「とてもおなかがすいた」「すごく眠い」などの表現ができるようになると、子どもの緊急度がわかってきます。

それとともに、レベルを分けることで、子どもは自分自身で乗り越えようとするようになります。この「乗り越えていく体験」が、本当の自信につながるようにも思います。

自分では、疲れていることがわからない

「今日は遠足だったから早く寝なさい」、と子どもに言うことがあります。子どもは自分が疲れていることがわかりにくいので、おとなはこう話すのでしょう。

9歳前後になると「疲れセンサー」が働き、自己管理ができるようになってきます。なお、多動の子どもは「疲れセンサー」が働きにくいようで、疲れるとさらに動いたりします。疲れているので頭はよく働かないため失敗を繰り返します。まわりは疲れを指摘して、子どもを休ませなくてはいけません。

21 感覚過敏と「不快」な感じ

当事者の研究により、本人たちのもつ感覚の過敏性が重視されるようになりました。理解力や認識力は改善しても、過敏な感覚は最後まで解決しないとも言われます。

自閉症の青年、彼には絶対音感がありました。彼があるJRの駅でパニックを起こすのは、構内で流れる音が原因でした。音程がくるっているのが不快だったようです。このようなずば抜けた感覚は、才能として花開くこともあれば、本人に苦痛を与えもします。本人の感覚について、どう理解し、苦痛を表現させるか、大きな課題です。

2つの痛み――感覚に影響する認知と情緒

「痛覚には、熱いものに触ったとき、反射的に手を引っ込めるという単純なパターンをとる『感覚的な側面』と、不安、恐怖、過去の記憶などの影響を受ける『情動・感情的な側面』の二面性がある」とされます（伊藤誠二『感覚のふしぎ』講談社、2017年）。「痛み」という感覚的な側面は、生物になくてはならない、種の保存、生命の維持に不可欠なものです。一方、情動・感情的な側面は、痛みを想像させるなどによって、人に思いもよらぬ行動をとらせたりします。

耳や目、肌などで感じる感覚刺激は、「脳において二つの異なる経路を通る」（岩崎清隆『発達障害の作業療法・基礎編』三輪書店、2015年）とされます。

一つは〈感覚→知覚→認識→記憶〉という認知系処理過程です。たとえば、画鋲を足で踏んだとします。「痛い→何かが刺さった→尖ったものだ→この痛みは画鋲の痛さだ」といった処理過程です。もう一つは〈感覚→知覚→認識→感情〉という情緒系処理過程です。「痛い→何かが刺さった

↓尖ったものだ↓抜こう」とでも表現できるでしょうか。

認識や記憶が痛みの原因を探し当て、感情が原因を除去するための動きを生み出すと言えます。

特別支援学校の運動の時間に、耳をふさぎ続ける生徒に出会いました。聴覚に過敏な子が、音が耳に入るのを防ごうとしているのでしょう。実際に音は聞こえていなくても、「情動・感情的な側面」が働きます。それは、これまでの不快な聴覚記憶が影響しているのでしょう。予測して不快な状態を避けようとして、耳に手を当てるという不自由な状態を維持します。これはこれで、苦行のような状態とも言えます。

《聴覚過敏な人》

先に絶対音感がある青年のことを紹介しました。さまざまところで、絶対音感をもつ障害のある子が、不自由さをかかえて暮らしています。一般の人にも感覚が過敏な人がいることはわかっています。絶対音感のある人は、音程がくるっている歌などを聞くと、気持ちが悪くなるといいます。逆に、音程が合っている音楽を聴くと、幸福感に包まれるとも表現します。

ある女性は、数か国のことばを理解し、話せます。クラシック音楽を聴いて、それを暗記し、譜面なしで弾くことができます。実際に目の前で見たときは驚きました。複雑な音楽を苦も無く再現できるのです。彼女は、母国語と外国語の区別があまりない、とも言います。多言語を自由自在に操れる特別な脳なのでしょう。

ことばには、意味とともに、価値基準も含まれます。「犬」なら、日本人は「ペット」という理解です。ドイツ人は「番犬」、イギリス人は人間に近い「友だち」といった感覚のようです。犬を食する文化があれば「食べ物」になるでしょう。姿かたちなどは同じながら、犬ということばが指し示す価値は、国などによって違うのです。それをどうとらえ、価値判断するかは、ことばを「話せる」こととは別物です。

彼女は、人によって価値判断が違うことが、よくわからないようです。「犬」の話をしていても、共感することが難しいと話します。犬はわかるけれども、付随する見方が理解できないので、コミュニケーションが浅いものになるようです。

《嗅覚過敏な人》

匂いに敏感な人もいます。食品や香水などで、香り成分を混ぜ合わせる人を「聴香師」と呼びます。匂いに敏感でなければ、思ったものを作り出せないでしょう。なお、匂いに敏感な人が数百人に1人ほどいるとされます。

匂いだけで、十数メートル離れた人の名前を当てる女性に会ったことがあります。犬のような嗅覚です。彼女は、嗅覚が過敏なために、電車やバスには乗りたくないと話します。さまざまな匂いが充満しているためです。不愉快な匂いが多いとも話し、彼女は電車通勤ができなくなりました。こういう過敏さは、生活上の障害となります。

《視覚過敏な人》

触覚、嗅覚、聴覚などのほか、最近では視覚の過敏性も指摘されるようになりました。

光が強すぎて、まわりのものが白っぽく見えたり、白い紙に書かれた文字が読みづらかったり、いつも光がちかちかしていると話す人もいます。刺激が強すぎて集中するのが難しいことでしょう。

触覚過敏な人

触覚が過敏な子には、何人も会ってきました。服のタグが気になる子、特定の材質の洋服しか着られない子は、その典型です。糊のようにべたべたするものを触りたがらない子もいます。

赤ちゃんが着る洋服には、縫い目のあるほうを表にしたものがあります。これは赤ちゃんの肌に配慮したものです。しかし、大きくなるにつれ、多くの衣料品の縫い目は裏側になります。

糊を嫌がっていた子も、慣れてくると平気になったりします。「過敏性が取れる」と表現することもありますが、感覚に「慣れ」が起こり、過敏性が薄まることもあります。それは、感覚の過敏性による生活上の障害を克服するためのヒントになりそうです。

感覚の「鈍さ」も問題

感覚で問題になるのは、「過敏性」だけではありません。一方で感覚の「鈍さ」も問題です。

新設のリサイクルセンターで知的障害のある人たちが雇用されていると聞き、見学に行ったことがあります。配慮の行き届いた施設にはお風呂があり、仕事後の入浴が義務付けられています。傷ついていても言わない知的障害のある人の体を視診するためです。放置すると重い病気になる可能性があるからです。痛覚の鈍さを実感しました。

痛覚の鈍さは、社会性や言語能力とも関係しているようです。幼児期には鈍感さをもっているように見えていた子が、成長するにつれて痛みを訴えるようになったりします。

22 感覚過敏のつらさを克服するには

香水の匂いは、嗅覚で感じ取ったあとに「慣れ」が生じてきます。この慣れが生じると、香水の匂いをあまり感じなくなります。

人間の口の中は、ふとももやおしりと比べると千倍以上敏感とされます。口の中に異物があると、実際よりも大きく感じます。赤ちゃんも口の中は敏感なので、歯みがきでは、歯ブラシを使わず歯ぐきを指でこすったりします。それは触覚の敏感さをとるためです。

前項で紹介したように、感覚には「情動・感情的な側面」があります。過去の不快な記憶が、何かを感じるときに影響します。感覚の問題をよく知る必要があります。

過敏な感覚をどう克服していくのか

排泄の自立を例に、考えてみましょう。排泄の自立の前に、子どもは濡れた衣服を嫌がるようになります。水に濡れると脱ごうとします。一般的には2歳前後から見られる姿です。この姿が見られるようになると、おしっこで濡れるのがイヤで、トイレで排泄ができるようになります。肌が敏感になることで、おしっこを意識できるようになります。口のまわりをきれいにするために拭くのも、肌を敏感にするのに役立つでしょう。

これは知的障害のある子も同じです。濡れた衣服を脱ぐようになったら、排泄の自立はもう間近です。ただし、敏感なままだと洗濯物が増えてたいへんです。ほんのちょっと濡れただけで大騒ぎして脱いでしまうような子は、問題行動扱いされてしまうので、脱ぐのを止めるように注意します。注意するだけでなく、粘土や砂、水などであそばせて、「濡れること」「汚れること」に対して子どもを「鈍感」にしていきます。そのことで、濡れたり汚れたりすることへの過敏性がなくなっていきます。

半年前は手が汚れることに過敏で、糊に触ろうとしなかった子に、先日出会いました。今回は糊を使った制作に熱中していました。そんな彼の姿に、過敏性を取り、苦手な感覚に慣れさせていくヒントがあるように思います。目的が明確にあり、目標への意欲があると、感覚の問題は薄まっていきます。

発達的な克服の道

子どものあそびのなかには、感覚の問題を克服させる要素が含まれているようです。素材的には、砂、どろ、粘土、水、お絵かき、糊を使った制作などです。4歳前後になると、保育園などでまわりが大騒ぎをしていても、一心不乱にお絵かきをしたり、折り紙をしている子が見られるようになります。ブロックあそびに励む子もいます。

熱中し、集中することで、子どもは不必要な聴覚情報や視覚情報を遮断します。最近は「抑制力」ということばが使われるようになりました。その抑制力が、感覚を選択します。

かけっこを例に考えてみます。幼児期は、スタートの合図にピストルを使うことはありません。笛を吹いたり、ときには旗で合図をします。ピストルでの合図は刺激が強すぎて、「スタート」の意味を理解する前に、子どもはびっくりして立ちすくんだり、泣いたりします。ところが、小学生になると、スタートの合図にピストルが使われます。大きい音に慣れたり、意味の理解が進んだために、驚かなくなるのでしょう。

ある程度自分を客観的に見られるようになると、感覚の状態についてのチェックができるようになります。感覚のチェックリストは、ネットで紹介され、市販もされています。リストを使うと自分の感覚についての理解が進むことでしょう。

観察を通しての理解

仏教に「一人一宇宙」ということばがあります。これは、一人ひとりの人間の感覚はそれぞれに違う、みんなが同じように感じているわけではない、という意味だそうです。違う感覚世界に生きているので「一宇宙」です。「蓼食う虫も好き好き」

ということばもありますが、人の好みも多様性に富んでいます。

感覚は、自分にとってはあたりまえのものなので、「過敏」とか「鈍い」といった評価が難しいところがあります。特に子どもは、言語化が難しいという面があります。まわりがよく観察し、感覚の過敏性や鈍さを理解する必要があります。

筆者は風船の割れる音が嫌いで、風船を前にすると耳をふさいでしまいます。音に驚いた不快な記憶があるのでしょう。風船の割れる音への過敏性は、わかってはいても取り除けないものです。

子どもの姿から学ぼう

過敏性は子どもの生活を混乱させる要因となります。特に子どもの社会性の成長など、人との関係や心理状態に悪影響を及ぼします。

過敏性は、「情緒・感情的な問題」を生み出し、外界からの刺激に過剰な反応を起こしがちです。ただ、年齢とともにことばの力が成長すると、自分なりに理解していくちからが生まれるようです。まわりのおとなは、子どもの感覚過敏の大変さを理解し、対応していく必要があります。

ここからは、二人の女の子の事例を通して過敏性を考えます。

4歳になったばかりの女の子

彼女は、「シャワーの水の冷たさ」を極端に嫌います。保育園での行事でも、大きな音や初めてのイベントが苦手です。保育園では、遠足に行くとき、あらかじめ絵や写真を使って、子どもたちに「予告編」を示します。予行演習をすることで、初めての場所に行く子どもたちの不安を減らしています。彼女に対しても同じように、初めてのことについて説明するようにしているそうです。

家族で出かけるときにも、初めての場所が苦手で、子どもが喜びそうな遊園地でも、人混みのなかに入るのを嫌がります。人で混むところは「祭りの空間」でもあるのですが、彼女は音の大きさや人の多さが苦手なのか、尻込みしてしまいます。無理に行こうとすると、泣いたり騒いだりして拒否します。

彼女は、ことばの語彙数も含めて、理解の面での問題はありません。他の子どもとあそびたがりもします。ただ、あそびを共有することは難しく、最終的には一人あそびになってしまいます。社会性はあるものの、それを持続させることに難点があります。また、自分のあそんでいるおもちゃを他の子に触られると、大声で騒ぎます。

触覚や聴覚などに過敏性がある子は、極端に見える反応をしてしまいます。人が偶然体に触れたり、声をかけたりすることにも、大げさに思える反応を示します。見ていると、子どもが「びっくりした」反応のように思えます。大げさに見える反応は、本人にすれは「驚いた」結果の姿なのでしょう。こうしたびっくり反応は、相手に対して蹴る、叩くなどの乱暴な反応を引き出しやすくなります。驚いたから、反撃しているのでしょうが、いずれにしろ極端に思える反応です。

一般的には4歳頃から、子どもは相手の行為が「わざと」か、「わざとではない」かで、ものごとを判断するようになります。相手の行為を、その動機で判断するようになると言えます。子どもはその動機で対応を変えます。ただ過敏性のある子は、内面の判断をする前に直接的な反応をしがちです。それが乱暴などの問題につながります。

たとえば、誰かの手が自分に当たったとします。相手が「ごめんなさい」と言えば、それは偶然のことと理解して、「わざとではない」と考えます。「わざとではない」ときは、相手を許します。一方で、「ごめんなさい」と相手が言わなければ「わざと」の行為になります。そうであれば、反撃しなくては、となります。反撃しないまでも、立ち往生してしまいます。どうしていいかわからず、泣き出す子もいます。

不愉快そうな子どもを見ると、おとなは「痛かったね」「うるさいよね」などと声をかけます。子どもの感覚に共感し、不愉快さを和らげ、軽くしようとするからです。そのことを通して、子どもはおとなから守られていると感じ、依存とともに、相互の信頼関係が生まれます。

ところが、感覚の過敏性をもつ子は、不愉快な感覚がまわりにわかってもらえません。そのために、共感的な声かけが欠けてしまうこともあります。「びっくり反応」は極端すぎて、まわりのおとなの理解を越えてしまうこともあります。

彼女は、理解してくれる味方がいないまま一人でたたかっているような、安心できる基地もなくさまよっているような印象です。こういう状況を理解し感覚の過敏性に配慮する必要があります。

裸になってしまう女の子

初めて会ったのは5歳のときです。その女の子は、裸の体をバスタオルに包まれて、保育園に登園していました。園の先生に聞くと、彼女には身につける洋服に「着られるもの」と「着られないもの」があるとのことでした。着られないものを着せようとすると、裸になってしまうそうです。その日は、着られない洋服を着せようとして揉めて、裸の登園になりました。

触覚の過敏性からスタートし、聴覚や視覚などにも不愉快な過去の記憶がまとわりついていたのでしょう。毎日の園での生活は、彼女にはなじめないことが多く、泣き騒ぐことがしばしば見られました。

彼女は自閉症スペクトラム障害ではありません。他の女の子たちと、ままごとや折り紙をしてあそんでいました。しかし、彼女にとって不快な刺激が入ると、人が変わったように泣き騒ぐ姿を見せていました。

また、彼女は言語能力が低いわけではありません。自分なりの考えを話します。ただ、人の意見を聞き入れようとはしませんでした。たとえば、「お父さんはきらい！」という考えを幼児期からもっていました。お父さんはやさしくしているのですが、「肌があわない」というのでしょうか、彼女は受け入れようとはしませんでした。

私たちは、人から「いい天気ですね」と言われたときには、「ほんとにいい天気ですね」と返します。その会話のベースには、共感があります。共感があるから会話は進みます。しかし、彼女は「〜はこうだ」と思い込むと、それを変えることができません。会話をしていても、共感が生まれにくいと感じます。だから、人の話に耳を傾け、自分の考えを変えようとはしないのでしょう。

そんな彼女が高校生になりました。触覚も含めて過敏性はあるようです。着ることができない衣服があるようで選り分けています。ただ、不快な刺激に対して、幼児の頃のように泣いて騒ぐことはありません。我慢しているようです。

極端なものの見方を人前で話すこともありません。独自の考えはもっていても、それを表に出さないようにしています。女の子の友だちもいて、いっしょに買い物に出かけたりしています。

外界の刺激に過敏に反応していた彼女は、学習能力が高く優秀な高校生でもあります。感覚の過敏性が影響するのか、集中力は高いように感じます。幼児期からかかわっている筆者には、過敏だからこそ学んだことを鋭敏に記憶するのかもしれない、とも思います。

23 泣き叫ぶ子どもたちの背景・理由

泣き叫ぶ子どもには、いくつもの背景・理由があります。

やるべきことの内容や方法がわからなくて、不安になって泣く子がいます。何かに取り組んでいるときに、思うようにいかないと泣き叫ぶ子もいます。ことばで表現できず、感情のコントロールが未熟な子だとも言えます。自分では「イヤなこと」を、「イヤだ」と言えないままにやりつづけ、ついに我慢の限界に達して泣き叫ぶ子。なかには、自分ができないことが悔しくて泣き叫ぶ子もいます。

泣き叫ぶ子どもの背景や理由を理解していないと、「泣かない」「騒がない」といった注意で終わりがちです。あるいは、泣くことは変えられないとあきらめてしまうこともあるでしょう。泣き叫ぶ子どもの背景や理由がわかれば、的確な対応がとれる可能性があります。的確な対応ができれば、子どもの泣き叫びをなくすこともできるでしょう。

不安になる子

子どもは、もともと不安が強い存在です。幼稚園や保育園では、園外に出て行う散歩やバスハイクの前に、あらかじめ「予告編」を打ちます。大きな模造紙に行き先や道のりを描き、絵や写真を使って「見える化」します。それを使いながら、行く場所などを説明します。もしも、こういった配慮なしに出かけたとしたら、子どもたちは不安を感じて、落ち着かなくなることでしょう。

家族で旅行に行くときは、必ずしも旅行先であそぶわけではないのですが、子どもはあそびなれたおもちゃや絵本を持って行こうとします。クリニックにも、ミニカーや人形を持ってくる子がいます。こういった、身近にあって持ち運びたいものを「移行対象」と言います。子どもが内心の不安を減らすために持つものと考えられています。「移行対象」を持っている子は何か不安がある子だと考え、しまうようには言いません。クリニックでは、子どもが見えるところに置かせます。

何が起こるかがわからなくて泣き叫ぶ子には、「予告編」を示し、あらかじめ理解させておく必要があります。手順を実演して見せるなど、これからやることを了解させておきます。移行対象があれば不安が減る子には、それを持たせます。

助けを求められない子

子どもは何かができないときには、「できない！」とまわりに訴えます。訴えを聞いたおとなは、子どもができるようになりたいことを知り、また、子どもがどうしてできないのかを考え、やり方を教えます。コミュニケーション能力に問題をもつ子のなかには、「できない！」と訴えられない子がいます。本心ではできるようになりたいのに、それをアピールできません。そして、あるところまで到達すると、できないイライラが「沸点」に達して、泣き叫ぶことになります。

子どもが「できない！」と訴える姿は、2歳過ぎから見られるようになります。この頃になると、子どもは自分なりにやるべきことを理解しはじめる、とも言えます。コミュニケーション能力に問題をもつ子も、できないことへのイライラは同じなのでしょうが、まわりに助けを求めることができません。

おとなは子どもの「できない」ことへのイライラを理解し、手助けする必要があります。

「やりたくない」と言えない子

「イヤだ」「やらない」と言えない子がいます。子どもは、いやなことは「イヤだ」「やらない」と、素直に表現します。おとなは、子どもの意図をくみながら「やらせるか」「やらせないか」を判断し、対応を考えます。

同じ気持ちなのに、それが表現できない子がいます。「イヤだ」「やらない」は、相手への要求でもあります。つまり、相手への要求を表現することができないのです。そして、当然ですが「いやいや」には限界があります。あるところまでは我慢していても、限界までくるとそれができなくなります。そして、泣き叫ぶことになります。

たとえば、理解力が2歳の子に、5歳の課題をやらせようとしても、できなくて当然です。ただ、おとながさまざまなヒントを出して、援助しながら取り組ませていくと、ときに「できる」ことがあります。それでおとなは、その子の理解力を5歳と勘違いしてしまいます。おとなが手伝ったから「できた」だけであって、それは子どもの興味や理解力を無視した取り組みと言えます。そんなことを続けていくと、自分の能力を超えていますから、子どもはイヤになって、パニックにつながったりします。

子どもの弱さが目立つのは、ことばの遅れなどコミュニケーション面での問題です。目立つ弱点だから、ことばの学習を優先させがちですが、それは障害の部分である可能性があります。目が見えない子に「見なさい」とは言いません。視力に障害があるからです。歩けない脳性マヒの子に「歩くように」と指示はしません。運動能力に障害があるからです。ことばやコミュニケーションに問題をもつ子どもも、その面に障害がある可能性があります。

ですから、おとなの課題設定は慎重に行うべきです。子どもの能力を的確に評価しながら、課題を決める必要があります。子どもの状態をふまえずに、ことばやコミュニケーションの課題を強引に押し進めると、子どもからの拒絶や反発を生みかねません。

おとなを評価する子ども

おとなは子どもを評価します。評価しながら子どもとかかわり、指導などをすすめます。では、子どもはおとなに何も感じていないかといえば、当然ですがそうではありません。子どもは自分にかかわるおとなを、深く評価しています。子どもの評価は、おとなへのかかわり方を左右します。

わからないことを押し付けたり、突然の要求をしたりすることは、子どもを混乱させます。それが続けば、おとなを嫌いになることもあるでしょう。また苦手なこと、できそうにないことに取り組ませ続けると、子どもの心に反発や拒絶を生みだします。おとなは、子どもからも自分が評価されていることを忘れてはいけません。

できないから、くやしい

泣き叫ぶ子どものなかには、自分ができないこと、失敗したことに耐えられないというタイプの子がいます。このタイプの子どもは、できるようになりたい、失敗したくないという高い意欲がありります。目的意識が高い、つまり、目的に対して達成意欲が強い子です。そして、真面目な気質も持ち合わせています。

ボールを遠くまで投げるという課題で、小2のAくんは目標ラインまで届きませんでした。合格できなかった彼は、大さわぎしました。Aくんは、あそびのなかでもうまくいかないと大さわぎします。勉強でも、問題が解けないと泣いて悔しがります。Aくんのような子は「プライドが高い」と評されたりします。

2歳を過ぎたあたりから、子どもは何かがうまくできないと、泣いて騒ぎます。その姿を見たおとなは、「できるようになりたい」のだな、と思います。そして子どもができるように手伝います。子どもの言語能力が上がってくると、泣き叫ぶのではなく、「できないよ、手伝って」と、話せるようになります。この段階になると、人から教わることがスムーズになります。人から教わることにより、正しいやり方を学べます。自分のやり方がまちがっていれば、それを訂正することができます。

ところが、Aくんは泣き叫ぶばかりで「できないよ、手伝って」と言えません。このために、自分のまちがったやり方を改善できません。おとなからは「プライドが高い」と見られ、適切な対応を取ってもらえません。

泣き叫ぶので「パニックを起こしている」と理解され、本人の思いへの対応がなされません。「できないこと」へのAくんの悔しさを理解し、いっしょにできるような方法を考える必要があります。そうしなければ、「くやしさ」を乗り越えることはできません。

二分的思考――教えたい柔軟な見方

思ったようにうまくいかないときに感じる「悔しさ」。それとともに、Aくんは「できる＝○、できない＝×」という見方で判断する気持ちが強いとも言えます。言うまでもありませんが、テストなどは別として、○か×かで明確に判断できることよりも、△（グレイゾーン）のほうが多いのが現実です。結果をどう理解するか、人によって違ったりもします。

「できる―できない」の二分法での判断が見られるようになるのも2歳くらいからです。その後、子どもは「できたり、できなかったりする」体験を積むようになり、そのなかで「絶対にできる」という考えを修正していくのでしょう。

4歳半ばあたりから、「～かもしれない」という見方ができるようになってきます。「できるかもしれない」「できないかもしれない」「できなかったら練習してできるようになればいい」と考えるようになるのかもしれません。ものごとに対して柔軟な見方ができるようになると言えます。

しかし、Aくんにはこのような見方ができません。Aくんは「絶対にできないと×だ」と思っているようです。「絶対」と思い込んでいると、思っていた現実と違うときに、現実のほうを許せなくなり、泣き叫びにつながったりします。Aくんには「できるかもしれない」という見方を教える必要があります。

この「～かもしれない」という見方とともに、「たぶん」とか「おそらく」ということばの意味を理解し、使えるようになると、パニックは激減します。ものごとを柔軟に受けとめられるようになるからでしょう。自閉的な子も同じです。

強い目的意識と達成意欲

Aくんのなかには、できるようになって承認されたいとの思いがあります。Aくんに教えたいのは、「できる」よりも、「できるようになるためにがんばる」のが、君のすばらしさだということです。結果ではなく、取り組みの姿勢やがんばりを強く評価します。そして、できるようになるための繰り返しの練習の大切さや、人から教わることの楽しさを体験させるようにします。

「悔しくて泣き叫ぶ子」には、できるようになりたいという目的意識があります。またその目的を達成したいという意欲ももっています。その思いは子どもの成長にとっては必要なものでもあります。おとなはその子の悔しさをすくい上げ、子どもができるようになるために、伴走していきたいものです。

24 ことばにしてから行動する

ことばにはいくつかの役割があります。なかでも、自分の行動をコントロールする役割は重要です。たとえば、子どもが「手はおひざ」と言いながら、手を膝に置くのは、ことばで自分の手の動きを統御している姿です。

コミュニケーション能力に問題がある子どもについて、おとなはその子が表現できないと思いがちで、これからやることを子どもに言語化させるという機会が少なくなります。これから何をやるのか、おとなが説明するだけでなく、子どもに言わせる機会も設けましょう。そのことで行動のコントロール力が増していきます。

遊戯歌と身体統御

「ちょち　ちょち　あわわ　かいぐり　かいぐり　とっとのめ」という遊戯歌があります。この歌に合わせて、子どもが手指を動かします。この時の動作は、神経学的には1歳代でできるようになる動きです。

お手本のまねをしながら、歌詞に合わせて動きを作ります。「あたま　かた　ひざ　ぽん」も同じです。歌いながら、手を身体部位にあわせて動かします。

子どもは、自分で歌えるようになれば、それに合わせて体を動かします。ことばによって、身体の動きをコントロールします。

「手はおひざ」と言って、子どもにその動作を行わせます。自分で言えるようになれば、言いながら動きを作ります。

このように、ことばには体の動きを作り、統御する働きがあります。

これからやることをことばにする

これから何をやるのか、子どもにわかるように説明することに力点を置いた指導の場面などでは、理解を助けるために絵や写真が使われます。ただ、ときに子どもはおとなに指示されて動くだけという受け身の立場になってしまいます。

そこで、やり方を説明した後、子どもに「これから何をやりますか?」と質問します。「着替える」「運動します」「掃除をします」などの答えが返ってくるでしょう。このように、これからやることを、子どもにことばにしてもらうのです。ことばでの表現が上手くできない子には、絵カードなどで、やることを選ばせます。重要なのは、ことばで表現することで動きをイメージし、計画通りに実行できるようにすることです。

自分でやりたいことを、思ったように実行できないという障害があります。実行機能の障害と言いますが、その治療法として「自己教示法」があるそうです。要約すれば、これからやることを言語化させることで、目標の行動を明確にして、実行できるようにしていくことです。それとあわせて、言語化することは、他の刺激に気を奪われやすい子の場合、目標や取り組みに集中させるという効果もあるそうです。

おとなと子どもがやりとりする場面です。

おとな「いまから、粘土をします」と言い、「今から何をしますか?」と子どもに質問。

子ども「粘土やります」

おとな「そうですね、粘土をやります。何を用意しますか」

子ども「粘土と粘土板です」

おとな「そうですね。用意してください」

……このように、子どもにやること、用意するものなどを言わせます。ことばにさせるのが、ポイントとなります。

手順が難しい課題の場合は、言語化とともに手順表を作ります。それによってやることをわかりやすくし、目標達成に近づけます。

目標を掲げて振り返る

自閉的なAくんは27歳、大手の鉄道会社の特例子会社で清掃の仕事をしています。この会社では、毎月の仕事における自分の行動目標と、目標をあげた理由を書かせています。ある月のAくんの行動目標は「(清掃道具が入っている)カートの運転に注意する」でした。その目標をあげた理由は、「事故を起こさないため」とありました。月末には行動目標が達成できたどうか、振り返ります。

同じように毎日の行動目標もあります。仕事が終わった後、その目標の到達度を自分で書きこみます。書いたものを班長に見せて評価してもらいます。

Aくんは入社してまだ1年あまりですが、確実に評価点が上がっています。仕事面で上達していることがわかります。本人は、毎月の目標を設定することには困っているそうですが、やるべきことがわかりやすいと話します。

筆者は、Aくんが4歳からのつきあいです。行動目標を意識し、それを実行しようとしている彼の姿には驚かされました。行動目標の言語化や振り返りができるようになったことを実感します。子どもの頃からこのような取り組みをしていれば、Aくんにはわかりやすかったのではないかと反省もしています。

特例子会社も含めて、会社で働いている多くの人たちは、やるべき仕事や段取りを言語化し「振り返り」をレポートに書いています。このことが、やるべき仕事を明確にしています。

「振り返り」は、自分の仕事を評価することにもつながります。振り返るなかで、自分の仕事の出来・不出来も意識します。「振り返り」は、仕事のやり方を考え直すきっかけにもなっています。また、「振り返り」によって仕事がうまくなれば、仕事へのモチベーションも高まります。

（坂爪一幸「実行機能の障害と認知リハ——前頭葉機能の障害と治療介入」発達協会職員研修会資料、2017年12月、を参考にしました）

25 気持ちを表現することばをゆたかに

気持ちのことばは、なかなか広がらないものです。遊園地に行ってきた子どもに感想を聞くと「楽しかった」など、紋切り型の答えになりがちです。「ほかに何か感じなかった?」などと再度聞いても、そこから話がなかなかひろがりません。

子どもが「うれしい」「おもしろい」といった気持ちのことばをどうやって学んでいくのかについてはよくわかっていません。しかし、いくつかの要素は考えられます。気持ちのことばを広げるためには、共感してくれる人のことばが必要です。相手の気持ちがわかりにくいとは必ずしも言えないのです。

手段ではなく、目的化することば

言語聴覚士の本間慎治氏は「自閉的な子どもの話は、目的になっています。手段ではありません」と話しています。「目的」という意味は、「聞かれたから答える」ということです。このために、義務的な報告になってしまいます。

一般的な会話では、すべてではありませんが、目的よりもそのときに自分が感じたことなどを伝えようとします。話すことばのなかに、自分なりの気持ちや考え方が含まれます。会話には、ことばの意味だけでなく、言外に含まれるものがあります。このことを「手段」的であると、本間氏は言うのです。

たしかに、会話は「質問されたから答える」といった単線的なものではありません。普通の会話は、複線的にすすんでいきます。

気持ちのことばを学ぶ

子どもがどのように気持ちのことばを獲得するかについては、心理学でもよくわかっていません。気持ちは見えません。子どもにとっては学びづらい、抽象的なことばです。

まわりのおとななどが、子どもの様子を見ながら「楽しそうね」「おもしろいよね」「悲しいの?」と声かけをします。これらのことばを受けて、子どもは自分の気持ちについての「名前」を理解していくと考えられています。

子どもは3歳前後から、絵本の読み聞かせが好きになります。絵本のなかには、「うれしい」「怒っている」などのように、気持ちのことばがたくさん出てきます。子どもは絵本からも学んでいることでしょう。

筆者がこれまで出会ってきた子どものなかには、「となりのトトロ」のセリフを覚えている子がいました。トトロのアニメには、人の気持ちが豊かに描かれているように思います。セリフを覚えている子たちは、自分の気持ちは表現しないものの、共感・共鳴しているのではないかと思います。同じジブリの作品「千と千尋の神隠し」も、子どもたちに人気です。「見るたびに感じることが違う」とも話します。子どもはアニメを見ながら、人の気持ちに気づいたり感じたりするようになるのでしょう。

子どもは人だけではなく、絵本、アニメ、テレビドラマなどからも「気持ちのことば」を学んでいます。

共感的なかかわり

ある施設で療育指導の場面を見学しました。そこでは運動や課題の場面で、おとなが気持ちのことばを付け加え、子どもに話していました。

○「できたね、うれしいね」
○「上手だったね、楽しかったね」
○「がんばったね、よかったね」
○「できなかったね、残念だったね。次、がんばろうね」
○「むずかしかったね、でもできるよ、おもしろいよ」

筆者は療育を見ながら、とても楽しくなりました。おとなは往々にして、子どもを「できる—できない」で評価しがちです。そこで終わってしまいます。それこそ子どもとのかかわりが「目的化」

してしまいます。しかし、一般的な子どもとのやりとりは、「手段的」であり「複線的」です。「できる—できない」よりも、子どもの感じ方や考え方のほうに話の重点が置かれます。

ことばが出ていない子どもに対しても、過剰なことばかけにならないようにする配慮も行われているようでしたが、子どもの気持ちを代弁する姿勢は変わりません。一方、ことばの理解が高い子には、自分の気持ちを理解するのに効果があるように思いました。

間髪を入れないセラピストたちのことばかけにより、子どもたちの表情も明るく、豊かなものになっていました。

気持ちを代弁する大切さ～わかってほしい！

子どもや青年は、気持ちの存在に気づくようになると、相手の目を見るようになります。表情を探る雰囲気が出てきます。また、聞かれたらすぐに答えるのではなく、間合いの時間が見られはじめます。相手の気持ちを想像している感じが出てきます。そうすると、口調やアクセントが変化し、違和感が薄くなります。

たしかに気持ちの表現は苦手なようです。それは、気持ちのことばを教わる機会が少なく、また、表現することを求められてこなかったことも影響しているのでしょう。

しかし、気持ちの表現が少ない子どもや青年が、気持ちをわかっていないとは言い切れません。アニメやドラマなどを観て楽しめる子は、いろいろな人間の気持ちに気づいている可能性があります。自分の気持ちを、表現はできないけれどもわかってもらいたいとも思っています。このことは、障害の有無に関係なく、人として共通のことでもあります。

26 類推、選択することば

子どもが「お菓子」と言ったとします。それに対して、子どもの気持ちを推し量り、ことばで「お菓子が食べたいんだね」と表現してあげます。そのことで、子どもは「お菓子が食べたい」という表現を学ぶことができます。

子どもに向かって「走っちゃダメ」と言うとき、その意味は「歩きなさい」ということです。ところが、反対類推が苦手な子は、おとなの「歩きなさい」という真意を読み取れません。

子どもの理解力の発達で特徴的なポイントは、類推しながら考えることが苦手なことです。そのちからをつけるためには「選ぶ」という体験も必要です。

連想と共通点

5、6歳の子どもに「郵便ポストとリンゴはどこが似ている?」と質問すると、「赤いところ」と答えたりします。郵便ポストとリンゴは、色のほかには何も似ていません。それでも子どもは唯一の共通点を探し出すことができます。

ただ、これは知識として教えられた可能性もあります。実際に、軽度の知的障害のあるＡＳＤの子どもたちが、教えていくうちに答えられるようになったという経験があります。

たとえば、「リンゴは何に似ているかな?」と質問します。そして、その答えを教えます。「丸いからボールにも似ているね」「食べられるから、ミカンも同じだね」「赤いところは、イチゴもそっくりだね」という具合です。

類推するちから

「走っちゃダメ」の真意は「歩きなさい」です。「しゃべらない」で伝えたいのは「静かにしなさい」だったりします。

ことばの発達に問題のある子は、相手の真意を自然に読み取ることができません。「走っちゃダメ」と言われただけでは、何をしていいかわかりません。それも怒り口調で言われたりすると気持ちを混乱させ、ときにはパニックになることもあります。そこで、注意するだけではなく、「走っちゃダメ」のあとに「ここでは歩こうね」と、続ける必要があります。

「しゃべらない」も同じです。「静かにするよ」「お口を閉じてね」などと話す必要があります。求められていることは何かを、ことばで明確に示しましょう。

抽象語の獲得

2歳の女の子が抽象語を獲得するプロセスを見たことがあります。

おとなから「何のお歌を聴きたいかな?」と言われて、その子はすぐに「トトロ」と答えました。その後も繰り返し「トトロ」を要求していました。この段階では「お歌＝トトロ」だったのでしょう。

ところが、月日が経つうちに「お歌＝トトロ」ではなく、ほかにもいろいろな歌があることに気づきます。このとき、類推する力が働いたのでしょう。おとなから「何のお歌を聴きたいかな?」と言われて、「何がいいかなあ?」と答えるようになりました。頭のなかではいくつかの歌の候補が浮かんでいたのでしょう。

発達に問題があると、抽象語の獲得がむずかしいため、「好きな食べ物は何ですか?」という質問に答えられなかったりします。食べ物は抽象語ですから、質問が理解できず、答えがわかりません。それでも、実物に似たおもちゃなどで分類の練習をすると、理解できるようになったりします。ちなみに、スマホの写真機能は、カテゴリー分けの教材を作るのに便利です。画像が鮮明で、子どもにとってもリアルなようです。

なお、画像や絵にできないのが抽象語です。歌、おどり、あそび、体操なども抽象語です。「どんな歌がいいですか?」に答えられない子は、抽象語が理解できていない可能性があります。こういう場合は、具体的な曲名をあげて「～が聞きたいですか？」のように話します。

気持ちのことばも抽象語です。気持ちは見えませんし、触ることもできません。子どもは何かを感じていないのではなく、それを表現する方法を知らないのです。おとながそれを代弁することは、気持ちなどの表現を子どもに教えることになるのです。

「選ぶこと」で自分の意思を表現する

国政選挙など、18歳から選挙権をもつことになりました。特別支援学校の高等部では「主権者教育」の取り組みが行われています。選挙で投票できるようにするための教育です。「公約の違いがわかる青年はほとんどいなくて、若くてかっこいい候補者が選ばれる」といった話も聞きます。これはこれで、ひとつの判断ですから、問題はないと思います。容姿などで選ぶということも、普通にありえます。

「選ぶ権利」とは、選挙の候補者を選ぶことだけではありません。仕事、住まい、生活などにおいて、自分で選ぶという意思と、また、選ぶ力を育てたいものです。「選挙権があります。候補者を選んでください」と話すだけでは、選ぶことも、選ぶ意味もわからないのではないでしょうか。

外食や買い物のとき、自分の洋服、好きなおもちゃ、食べたいメニュー、家でも見たいテレビ番組など、子どもに選ばせることが大切だと思います。選ぶ体験を積むことで、意思を明確にし、まわりに表現することも身につくことでしょう。

27 ものづくり、という表現

表現はことばだけではありません。物を作る、作品として完成させることでも表現することができます。特別支援教育には「作業学習」の時間があります。紙づくり、陶器、木工、布裂きなどが行われています。調理に取り組んでいる学校もあります。たとえば、木で箸置きや本棚などを作り、商品としてバザーなどで売ります。売れる商品を作ったこと、また、誰かがそれを買ってくれることで、子どもは自分が認められているという思いをもつでしょう。

縫いものをする子

その男の子は6歳、自閉的で軽度の知的障害がありました。先日、4か月ぶりに保育園で会いました。前回会ったときは、いわゆる「イヤイヤ期」まっさかりで、何に誘われても拒絶していました。保育園の先生たちは、運動会に参加できるかどうか心配していました。みんなと一緒にやれるとはとても思えなかったからです。彼は運動会の間、泣いたり騒いだり駆けまわっているだろうと思われていました。

しかし、それは杞憂に終わりました。彼は運動会のプログラムに合わせ、楽しみながら一日を終えることができました。その理由は、彼が「イヤイヤ期」を抜けたからです。現在、彼はクラスのなかにいても目立ちません。驚いたのは、造形の先生に従い、針と糸を持ち、線に沿いながら縫っていたことです。ボタンも一人で上手に縫いつけていました。

また、彼は絵本を見ながら模造紙に恐竜の絵を描いていました。20余りの恐竜が、細かく上手に

描かれていました。

彼と初めて会ったのは3歳のときでした。行動は落ち着かず、感情的に不安定でよく泣いていました。ただ、絵は描いていました。そして「イヤイヤ期」を抜けた彼は、絵も上達し、造形活動に集中するようになりました。

彼の言語表現は、二語文が主です。知能検査とは、ある面で「言語能力」をはかるテストです。ことばに問題があると、本来の能力より、どうしても数値が低く出てしまいます。彼の作品を見ていると、認知能力は「年齢相応」にあることがわかります。作品を作るなかで、伸びてきたという面もあるでしょう。特に、精神的な安定を強く感じるようになりました。表現することで自分に自信もついてきたようです。器用で、集中力と持続力とをもっており、将来は一般の会社で働ける可能性が十分にあります。あるいは、造形アーティストになるかもしれません。

型抜きであそびはじめた子

もうひとりの男の子。数か月前に会ったときには、保育園の園庭を走り回るだけの彼でした。ASD（自閉症スペクトラム障害）と診断され、また、重度の知的障害があるとされていました。

保育園の先生と話していると、この子は「サメ」が好きだと言います。廊下には魚のポスターが貼ってあり、サメの絵に触るのだそうです。重度の知的障害という診断に、信憑性が無くなりました。サメを見分け、それを好きという子は、認知能力が高い可能性があるからです。

4歳になったばかりの彼に再会しました。園の砂場で、型抜きに砂をつめていました。そのあと、まだ上手ではありませんが、スクーターであそびはじめました。担当の男性保育士が、道具を使うことを教えてくれたので、道具であそべるようになったのです。彼には、興味をもつだけの理解力の高さが、潜在的にあったからでもあります。道具を使えるようになった彼は、将来「ものづくり」ができるようになる可能性が十分にあります。

子どものちからを認める

知能検査で計測できる能力は、人の能力のごく一部分です。ことばでやりとりする力以外にも、子どもは一人の人間としてさまざまな能力、可能性をもっています。歴史ある日本の特別支援教育のなかで、「ものづくり学習」は重要な位置を占めています。子どもたちはものづくりを通して、「自分を表現すること」「表現したことでまわりから承認を得られること」を知ります。なによりも精神的な満足と安定を得るでしょう。

二人の幼児の姿でもわかるとおり、実際には幼い頃からものづくりの萌芽があります。その芽を伸ばしていけるような環境が必要です。

幼児期には、クレヨン、鉛筆、はさみ、のり、セロテープなどを使って制作あそびをします。ところが、発達につまずきがある子の場合、道具を使う機会が少なくなりがちです。このために、子どものなかにものづくりへの興味が育ちにくい面があるのでしょう。つまずきのある子だからこそ、幼児期から道具の使用を促したいものです。それが、将来の社会的な自立にもつながります。

一般的に中学生あたりから、物事に取り組む際に、集中と持続が続くようになります。その頃から作業学習が本格的に行われるようになります。

自分の作品をバザーで売るときに、子どもは誇らしげな表情を見せたりします。積極的に自分の作品をアピールする子もいます。作業学習で作ったものを販売することは、子どもの励みになります。ものを作って、それを誰かに買ってもらうことは、社会の模擬体験、学習につながります。ものづくりや販売という体験のなかで、子どもはさまざまなことを学ぶにちがいありません。

【さらに学びたい人への参考文献】

・湯汲英史著『子どもを伸ばす関わりことば26』すずき出版、2006年
・湯汲英史著『切りかえことば22』すずき出版、2007年
・湯汲英史著『発達促進ドリル　①〜⑩巻』すずき出版、2007〜2008年
・湯汲英史・小倉尚子著『決定権を誤解する子・理由を言えない子』かもがわ出版、2009年
・湯汲英史編著『保育に役立つ発達過程別の援助法』日本文化科学社、2009年
・湯汲英史編著『ことばの力を伸ばす考え方・教え方』明石書店、2010年
・湯汲英史編著『発達障害のある子と話す27のポイント』かもがわ出版、2011年
・湯汲英史著『関わりことば26　コミック版』すずき出版、2013年
・湯汲英史著『切りかえことば25　コミック版』すずき出版、2014年
・坂爪一幸・湯汲英史著『知的障害・発達障害のある人への合理的配慮』かもがわ出版、2015年
・湯汲英史著『０歳から６歳　子どもの社会性の発達と保育の本』学研、2015年
・湯汲英史編著『知的障害・発達障害のある子どもへのコミュニケーション支援』診断と治療社、2016年
・湯汲英史著『０歳から６歳　子どもの発達とレジリエンス保育の本』学研、2018年
・小倉尚子・一松麻実子・武藤英夫監修『子どもの発達にあわせて教える　食事、排泄の指導など全１〜６巻』合同出版、2013年

【公益社団法人発達協会監修のカード教材】

・「ソーシャルスキルが楽しく身につくカード１どっちがかっこいい？」合同出版、2017年
・「ソーシャルスキルが楽しく身につくカード２こんなときどうする？」合同出版、2018年

【湯汲英史・本間慎治監修の映像教材】

・「コミュニケーションとことばの指導の実際　全２巻」アローウィン、2018年

あとがき

私は40年前に、障害のある子とかかわりはじめました。当時の子どもと今の子どもたちは違います。「はじめに」で紹介したような書家が生まれるなどは、想像もできませんでした。長年かかわってきた専門家は、「昔の自閉症」ということばを使うことがあります。それは「今の自閉症のある子」との違いを認識しているからです。同じ障害なのに、違いがあります。

その違いは、環境の影響から生まれたのだろうと思います。障害への理解が深まったことが、環境の変化を生み出しました。これには、本人の手記やさまざまな発言が変化に影響を与えました。

また、社会参加を促すという方向性が明確になったこともあります。本人の社会化を重視し、教えるべきことが明らかになってきました。

さらに、さまざまな指導技法の開発もあります。指導の目的、方向性、それに指導技法も有効になってきています。ただ、長期的な視点で、教えるべきことばを示したものは少なかったかと思います。本書は、そのことに焦点を当てて書いています。

自閉のある高機能の女性として有名なテンプル・グランティンは、あるスピーチで、自閉症に向いている仕事としてコンピュータ関連の仕事をあげ、次に、自閉症に向いているかもしれない仕事として俳優をあげました。彼女は「自閉症の人は、いつも適応のために演技しているようなものだから」と説明したそうです。（池上英子『ハイパーワールド――共感しあう自閉症アバターたち』ＮＴＴ出版、２０１７年）

適応のためにもがくのは、コミュニケーションに課題をもつ子たちすべてに共通しています。便利で使い勝手のいいことばは、きっと適応のための道具になるはずです。

かもがわ出版の吉田茂さんには、貴重で的確な指摘を受けました。それなしでは、本書はできなかったと思います。あらためて、感謝するしだいです。

■ **湯汲　英史**（ゆくみ　えいし）
公益社団法人発達協会常務理事、早稲田大学非常勤講師。「発達障害白書」編集委員長。社会福祉士・精神保健福祉士・言語聴覚士。
著書に「なぜ伝わらないのか　どうしたら伝わるのか」（大揚社）、「発達障害のある子へのことば・コミュニケーション指導の実際」（診断と治療社）、「決定権を誤解する子・理由を言えない子」「発達障害のある子どもと話す27のポイント」「知的障害・発達障害のある人への合理的配慮」（以上、かもがわ出版）など。

表現することは生きること
知的障害・発達障害のある人のへ合理的配慮 2

2018年12月 1 日　第 1 刷発行

著　者©湯汲英史
発行者　竹村正治

発行所　株式会社 かもがわ出版
〒602-8119 京都市上京区堀川通出水西入
営業部　☎075-432-2868　FAX 075-432-2869
編集部　☎075-432-2934　FAX 075-417-2114
振替 01010-5-12436
http://www.kamogawa.co.jp

印　刷　シナノ書籍印刷株式会社

ISBN978-4-7803-0987-4　C0037

装丁：㈱アルファ・デザイン　髙橋哲也
イラスト：㈱アルファ・デザイン　井上ひいろ
組版：㈱エス・エヌ・ピー　東原賢治